Genuss auf Augenhöhe

Eigentlich wäre es so einfach. Und eigentlich ist es auch einfach. Wenn nur das Wort „eigentlich" nicht wäre... In Zeiten der Industrialisierung der Nahrung, der Automatisierung der Produktionsabläufe, der Manipulation von Tier, Pflanze und auch Mensch ist die Suche nach dem Echten, dem Unverfälschten aktueller denn je. Essen betrifft uns alle, hat mit Umweltschutz zu tun, mit Menschen- und Tierrechten. Und vor allem: Essen soll schmecken, soll gut tun, soll Lebensmittel sein – eben Mittel zum Leben. Auch für jene, die dieses mit Sorgfalt herstellen und dafür einen fairen Preis erhalten sollen.

„Gut. Sauber. Fair." Der Maxime von Slow Food folgen auch der Slow Food Kärnten Guide und die von ihm ausgezeichneten Kärntner Köchinnen und Köche. Ehrlichkeit verbündet sich mit Handwerkskunst, Leidenschaft gesellt sich zu Traditionsbewusstsein. Das lassen sich Kärnten und seine Gäste gerne auf der Zunge zergehen. Mit gutem Gewissen.

Slow Food ist ein Weg, der zurück zu den Wurzeln und gleichzeitig in die Zukunft führt. Ein Weg, der die Wertschöpfung in der Region lässt, für einen gesunden Kreislauf aus Herstellung, Veredlung und Genuss sorgt, ein Weg, mit dem sich Kärnten als Teil des großartigen Alpen-Adria-Raums identifiziert. Betrachten Sie den Slow Food Kärnten Guide als kulinarische Schatzkarte. Ganz einfach.

Das Kulinarik-Team der Kärnten Werbung
in Zusammenarbeit mit 70 Jurorinnen und Juroren

Die Kärntner Alpen-Adria-Küche

Kärnten ist eine geschmackvolle Schnittstelle. In seiner Alpen-Adria-Küche treffen einzigartige Schätze von Almen und Tälern, aus Flüssen und Seen an der Südseite der Alpen auf mediterrane Genussfreude und Leichtigkeit. Das macht uns kreativ. Und unseren Gästen Lust auf einen Besuch bei den Kärntner Slow Food Köchinnen und Köchen, die aus dieser Vielfalt, den Aromen der Jahreszeiten, dem Spiel zwischen Tradition und Experimentierfreudigkeit einen Gaumenkitzel von höchster Qualität machen.

Die rund 120 **Slow Food Restaurants, Almhütten und Buschenschenken** in diesem Guide, wie auch die angeführten Hofläden, Winzer, Genussfeste und Märkte, bekennen sich zur Regionalität und den Prinzipien der Nachhaltigkeit. Folgen Sie der Schnecke und entdecken Sie die genussvollste Seite von Kärnten.

Die drei Prinzipien unseres Slow Food Kärnten Guides

„Gut. Sauber. Fair." Das ist der Leitfaden unserer köstlichen Allianz von Produzenten, Lebensmittelhandwerkern und Gastgebern für nachhaltigen Genuss in Kärnten.

Gut

... soll es schmecken. Und gut soll es tun. Dahinter steht authentische, schmackhafte und regionale Esskultur.

Sauber

... steht für Lebensmittel, deren Herstellung auf kurze Wege und das Wohlergehen von Mensch, Tier und Natur achtet. Transparent. Herkunftsgeschützt. Mit Brief und Siegel.

Fair

… sind die Preise, die die Hersteller für ihre Produkte erhalten. Damit es allen gut geht. Weil es mit ruhigem Gewissen immer besser schmeckt.

Begonnen hat alles in Rom, im Jahr 1986. Eine Handvoll Aktivisten rund um den Journalisten Carlo Petrini sitzt an einer langen Tafel mitten auf einer Baustelle an der Spanischen Treppe und isst Spaghetti – als Protest gegen die Eröffnung einer Fastfood-Filiale ebendort. Die Filiale wird dennoch gebaut, aber die Slow Food Bewegung ist geboren. Mit der Forderung nach dem Recht auf gut, sauber und fair produzierte Lebensmittel. Als – mittlerweile – weltweites Manifest für einen ehrlichen, mutigen Weg.

Nachhaltigkeit über allem

Was man liebt, das schützt man auch. Daher legen wir uns so richtig ins Zeug, um Kärnten, seine Natur, seine Vielfalt, seine Ressourcen zu erhalten. Für uns, für unsere Kinder, für unsere Gäste. Wenn es nach so manchem geht, ist Nachhaltigkeit ein Etikett, ein Mäntelchen, das schnell umgehängt ist. Wir halten nichts von kurzfristigen Werbestrategien. Wir gehen lieber einen ehrlichen Weg, ganz nach der Philosophie von Slow Food, ob in der Herstellung unserer Lebensmittel, in ihrer sorgfältigen Verarbeitung oder in unserer Rolle als Gastgeber.

Unsere Vielseitigkeit macht uns besonders. Das macht uns schon auch ein wenig stolz. Ein Handschlag zwischen Alpen und mediterranem Raum, zwischen Hochgebirge und Seenlandschaft – wir sehen uns als einzigartige Region. Nicht nur kulinarisch gesehen.

Als Slow Food Pioniere glauben wir an kleinstrukturierte Erzeugung von Lebensmitteln, an kurze Wege, an den direkten Kontakt zum Verbraucher. Wir respektieren die Jahreszeiten, setzen auf authentischen Geschmack und überliefertes Handwerk. Kurz gesagt, auf Genuss, der nicht zu Lasten von Umwelt und zukünftiger Generationen geht.

Auch die Bauern, Lebensmittelproduzenten und Gastgeber sollen es gut haben. Fairness gehört daher für uns zum täglichen Leben, der Konsens zwischen Nachhaltigkeit und angemessenen Einkommensmöglichkeiten. Das Bewusstsein dafür schaffen wir von Anfang an – bei unseren Kindern. Durch tagtäglich achtsamen Umgang mit der Natur und ihren Ressourcen.

BEI DER PRODUKTION DES SLOW FOOD KÄRNTEN GUIDES ACHTEN WIR AUF EINE DURCHGÄNGIGE UND KONSEQUENTE KREISLAUFWIRTSCHAFT NACH DEM CRADLE-TO-CRADLE-PRINZIP.

Die gedruckte Auflage des Slow Food Guides wird bewusst reduziert, wir lenken den Fokus auf unsere digitale Version: ***www.slowfood.Guide***

Damit schonen wir die Umwelt und produzieren weniger Müll. Einfach reinklicken, losstarten und Kärnten entdecken – auch ohne Auto. Denn bei uns geht's auch ganz leicht mit dem Rad, dem öffentlichen Verkehr oder zu Fuß.

www.slowfood.Guide

Ein starkes Miteinander

Nur gemeinsam geht es wirklich gut. Das wissen wir schon lange. Und sind stolz auf unsere Slow Food Betriebe in Landwirtschaft und Tourismus. Slow Food in Kärnten, das ist eine Erfolgsgeschichte, die durch die Allianz von vielen möglich gemacht wurde. Durch einen Schulterschluss von Menschen, die die Natur schützen und lieben, von engagierten Landwirten und von vorbildlichen Lebensmittelproduzenten, von leidenschaftlichen Gastgebern und aufmerksamen Köchen. Pädagoginnen und Pädagogen in Schulen und Kindergärten geben wertvolles Wissen an die nächsten Generationen weiter, Betriebe und einzelne Personen setzen ihren Namen unter das Zeichen der Schnecke. Sie alle haben ihren Beitrag geleistet, unser Land zum Pionier gemacht – zu einem Ort des guten und genussvollen Lebens.

2023 Zertifiziert · Slow Food Village · Slow Food Travel

SLOW FOOD HEISST AUCH QUALITÄTSSICHERUNG

ALLE ausgezeichneten Restaurants, Almhütten und Buschenschenken bekennen sich zur Qualitäts- und Herkunftssicherung mit den Partnern Genussland Kärnten, Bio Austria und Gutes vom Bauernhof.

ALLE Betriebe die mit der Slow Food Schnecke ausgezeichnet sind, engagieren sich in einer Slow Food Gemeinschaft.

„Slow Food Kärnten ist das Ergebnis der guten Zusammenarbeit von Landwirtschaft und Tourismus. Die wichtigste Zutat für die authentische Kärntner Kulinarik sind die regionalen Produkte mit hervorragender Qualität. Wir können stolz auf unsere Lebensmittelproduzenten und die engagierten Tourismusbetriebe sein, die für den ungebremsten Erfolg von Slow Food in den Regionen sorgen."

Agrarlandesrat Martin Gruber und Tourismuslandesrat Sebastian Schuschnig

Das Slow Food Barometer

Unsere Skala zeigt es auf einen Blick: Je mehr Schnecken, desto mehr Slow Food, von drei Schnecken wie ausgezeichnet bis fünf Schnecken wie sensationell.

Die Bewertung durch eine unabhängige Jury berücksichtigt Gaumenfreude ebenso wie Sortenvielfalt der Region, Handwerk und Bezugsquellen. All das wird konsequent entsprechend der Slow Food Kriterien auch auf Qualität und Herkunft überprüft.

Inhalt

5,0 Schnecken

Die Jury verleiht 5 Schnecken an jene Betriebe, die aus Überzeugung hinter der Kärntner Slow Food Küche stehen. Als leidenschaftliche Verfechter der Regionalität sind sie nachhaltige Vorbilder und bringen Kreativität sowie Saisonalität auf den Teller. Sie inspirieren andere und setzen sich für den achtsamen Umgang mit fast vergessenen Lebensmitteln ein. Hier lässt sich zu 100 Prozent die Slow Food Philosophie erleben.

Wohlgeschmack von Berg und See

Seit Kurzem einer der 100 weltbesten Köche, hat Hannes Müller schon lange den Weg zu seinen Kärntner Wurzeln gefunden. Durchaus wörtlich gemeint, widmet er sich doch Gemüsen und Wildpflanzen rund um den Weissensee, manches selbst gepflückt, eingekocht, fermentiert, anderes frisch geliefert von befreundeten Bauern, auch aus dem Gailtal, viele davon Slow Food Partner. Bedingungslos nachhaltig. Der Fisch kommt aus dem See, das Brot aus Müllers Holzofen, sein Lieblingsstück. So trifft die Seeforelle die Schafgarbe, der Ofensellerie die Vogelbeere, der Erdäpfelschaum das Schnittlauchöl. Virtuos. Zwei Empfehlungen: das großartige Vorspeisenbuffet und die – ausschließlich österreichische – Weinbegleitung von Monika Müller. *bh*

5,0

Genießerhotel Die Forelle

Familie Müller
Techendorf 80
9762 Weissensee
T +43 4713 2356
info@dieforelle.at
www.dieforelle.at

Öffnungszeiten:
Di. bis Sa. 18:00–20:00 Uhr
Reservierung erbeten!

2023 Zertifiziert — Slow Food Travel

Gault&Millau	4 Hauben	18 Pkt.
Falstaff	4 Gabeln	98 Pkt.
A la Carte	★★★★★	95 Pkt.

5,0

der daberer. das biohotel

Marianne & Christian Daberer
Küchenchef: Florian Bucar
St. Daniel 32
9635 Dellach im Gailtal
T +43 4718 590
info@biohotel-daberer.at
www.biohotel-daberer.at

Öffnungszeiten:
26. Dez. 2022 bis 09. April
05. Mai bis 25. Nov.

Küche:
Ab 18:30 Uhr, kein Ruhetag, Reservierung notwendig

2023 Zertifiziert | Slow Food Village | Slow Food Travel

Falstaff 90 Pkt.

Redliche Meisterstücke
Gewürzduftendes Pilz-Shawarma versus Saibling aus dem Teich hinter der Waldsauna. Weltoffenheit und tiefe Wurzeln in der Region – so spannt sich der Küchenbogen im Daberer. Bio aus Leidenschaft im ganzen Haus seit mehr als 40 Jahren, Slow Food Küche aus Überzeugung. „Wir verbinden gerne in unseren Menüs moderne Elemente mit Klassikern", sagt Küchenchef Florian Bucar. Das ist bescheiden. Hier kocht vielmehr aufrichtige Kreativität mit unglaublichem Feingefühl. Und so darf der Kärntner Blauschimmelkäse vom Schaf sich an dunkle Schokolade anschmiegen, treffen Kohlrabi und Gartenkräuter auf Piemonteser Haselnüsse, begegnet der Sauerteig alten Getreidesorten. Im Daberer ist die Welt in Ordnung. Und sie schmeckt hervorragend. *bh*

Essbare Glücksmomente

Manuel Ressis Sprache ist lakonisch. Lachsforelle, Bienenwachs, Karotten, Physalis, Ingwer, Schwarznessel. Doch auf dem Gaumen werden diese Wörter ohnehin zu einer Woge an Wohlgefühl und machen erst einmal sprachlos. Ressi hat also recht. Er skizziert sein Menü – drei bis acht Gänge, wahlweise – als „Bärenwanderung". Zu Bienenstock, Jungwald und Kürbisacker. Um etwa Cashewkerne mit Kirschschaum, Cocktailtomaten und Oliven zu verbinden, braucht es Genie. Und Imagination. Die beweist er auch bei seinen Wirtshausklassikern, von Ripperl bis Kaiserschmarrn. Zur Freude der Gailtaler. Fast alles kommt aus der Region, Brot aus dem eigenen Ofen, manches gibt's im Shop zum Mitnehmen, etwa Ressis Pfefferraritäten. *bh*

5,0

Bärenwirt

Manuel und Claudia Ressi
Hauptstraße 17
9620 Hermagor
T +43 4282 2052
hallo@baerenwirt-hermagor.at
www.baerenwirt-hermagor.at

Öffnungszeiten:
Do. bis Mo. 11:00–23:00 Uhr
Di. und Mi. Ruhetag

Küche:
Do. bis Mo. 11:30–14:00 Uhr
und 17:00–20:00 Uhr
Di. und Mi. Ruhetag

2023 Zertifiziert — Slow Food Travel

Gault&Millau	3/4 Hauben	15,5 Pkt.
Falstaff	3/4 Gabeln	90 Pkt.
A la Carte	★★★★	88 Pkt.

5,0

Gasthof Grünwald

Familie Daberer
St. Daniel 17
9635 Dellach im Gailtal
T +43 4718 677
gruenwald@dellach.at
www.gruenwald.dellach.at

Öffnungszeiten:
Do. bis Mo. 8:00–23:00 Uhr
Di., Mi. Ruhetag

Küche:
11:30–21:00 Uhr

2023 Zertifiziert — Slow Food Village — Slow Food Travel

Falstaff 83 Pkt.

Kunstvolle Klassiker mit Herz
Dass die Grünwald-Wirtinnen Ingeborg und Gudrun Daberer wahre Meisterinnen sind im Krendeln der Kärntner Nudeln, ist bekannt. Und die Füllungen erst, man wünscht sich einen Zusatzbauch, um sich durch die mehr als 40 süßen und salzigen Variationen kosten zu können. Von Rucola-Parmesan bis Kürbis-Almkäse, von Räucherforelle bis Marille-Safran. Dass im Gasthof Grünwald jedoch das vielleicht beste Schnitzel im Gailtal serviert wird, wissen nur Kenner. Erfrischender Kontrapunkt: Montags wird fleischlos gekocht. Die Zutaten für die herzerwärmende Küche der Schwestern kommen aus der Region; Fleisch, Wurst, Milchprodukte und sogar Brot aus der eigenen Landwirtschaft – Ehrensache für die beiden Slow Food Pionierinnen. *bh*

Qualität seit vielen Jahren
Welch Idylle: Ein Gasthaus am Rande eines Obstgartens, in Sichtweite die Dorfkirche und blökende Schafe. Familie Warmuth Liegl verarbeitet mit viel Herzblut die Produkte der eigenen Landwirtschaft und ausgewählte Lebensmittel der Region. An den Vorweg-Kostalan, einer Auswahl an selbst gebackenen Broten, Pasteten, Aufstrichen, könnte man sich satt essen, würden da nicht weitere Köstlichkeiten locken. Zum Beispiel Scha-Zi, eine leichte Komposition aus Schafskäse vom Nuart und Ziegenkäse vom Höfer mit Roten Rüben, die Hendleinmachsuppe oder knusprige Bauernbackhenderln. Wenn auch der Limoncelloschaum auf der Zunge schmilzt, die Krönung sind nach wie vor die Kletzennudeln mit Honigbutter – die wahrscheinlich besten weit und breit. Elisabeth Warmuth Liegl ist eine begnadete Patissière, die für ihre Tortenkreationen berühmt ist. *et*

5,0

Liegl am Hiegl

Familie Warmuth
St. Peter bei Taggenbrunn 2
9313 St. Georgen am Längsee
T +43 4213 2124
office@lieglamhiegl.at
www.lieglamhiegl.at

Öffnungszeiten:
Mo., Di., Mi. Ruhetage

Küche:
11:30–14:00 Uhr und
ab 17:30 Uhr

2023 Zertifiziert

Gault&Millau		14 Pkt.
Falstaff		87 Pkt.

5,0

Restaurant Moritz

Anja-Margaretha Moritz
Oberwuchel 5
9131 Grafenstein
T +43 664 4240316
info@restaurantmoritz.at
www.restaurantmoritz.at

Öffnungszeiten:
Di. bis Sa. ab 17:00 Uhr
So., Mo. Ruhetag

Küche:
Di. bis Sa. 17:00–21:30 Uhr

2023
Zertifiziert

Gault&Millau	3 von 4 Hauben	16,5 Pkt.
Falstaff	3 von 4 Gabeln	91 Pkt.
A la Carte	★★★★	88 Pkt.

Ein kleines Paradies

„Im Garten sitzt man wie in einem kleinen Paradies auf Erden", befindet der Gault Millau und lobt die 3-Hauben-Küche Roman Pichlers: „Schwarzes Schaf vom Nuart mit grünem Spargel aus dem Lavanttal – viel regionaler geht nicht." Auch die fein knusprige Ente ist Lavanttalerin, das Wild liefert das nahe Gut Riedenegg in Grafenstein. Pichler sieht den Koch als Entdecker, Landwirt, Erfinder und Künstler und setzt auf Gemüseraritäten, Wiesenkräuter, würzige Wildblumen, die er im traditionsreichen Landhaus, dem ehemaligen Forellenhof, zu stimmigen, geschmacksreichen Kreationen veredelt. Sympathisch, kompetent und herzlich ist die fachkundige Beratung von Anja Moritz. Und der Garten – ist eigentlich ein Park. Ein Paradiespark. *hg*

Wirtsleute aus Leidenschaft

Wo soll man beim Dorfschmied bloß anfangen? Vom herzlichen Service bis zur feinen Landhausküche – bei Familie Müller stimmt einfach alles! Man spürt, dass die Wirtsleute Slow Food leben und das meiste selbst produzieren. Schweine- und Rindfleisch stammen aus eigener Bio-Landwirtschaft, daraus werden Schinken, Speck oder Würste gemacht. Es gibt hausgemachte Marmeladen, Chutneys, sauer Eingelegtes und „Schwarze Nüsse". Viele dieser Köstlichkeiten werden als „Gruß aus der Küche" kredenzt, der Lust auf mehr macht. Von Kärntner Schmankerln wie gefüllte Nudeln oder Ritschert bis zu internationalen Speisen von Steinpilzrisotto bis Carpaccio – hier wird selbst der verwöhnteste Gaumen glücklich. Und vielleicht zeigt Ihnen Wirt Josef ja seinen „Kölla", wo er tolle Weine und selbst gemachte Brände hütet. *ih*

5,0

Gasthof zum Dorfschmied

Familie Müller
Marktstraße 16
9373 Klein St. Paul
T +43 4264 2280
T +43 676 5388597
zumdorfschmied@aon.at
www.zumdorfschmied.at

Öffnungszeiten:
Mi. bis Sa. 8:00–13:30 Uhr
und 17:30–20:30 Uhr
So. & Feiertag 8:00–14:00 Uhr

Küche:
Mi., Do. mittags auf Anfrage,
abends 18:00–20:00 Uhr
Fr., Sa. 11:30–13:30 und
18:00–20:00 Uhr
So. & Feiertag 11:30–14:00 Uhr

2023 Zertifiziert — Slow Food Travel

Gault&Millau 12 Pkt.
Falstaff 86 Pkt.

5,0

Fischrestaurant Sicher

Wolfgang und Michael Sicher
Mühlenweg 2
9121 Tainach
T +43 4239 2638
office@sicherrestaurant.at
www.sicherrestaurant.at

Öffnungszeiten:
Mitte April bis 23. Dez.
Okt.: drei Wochen Betriebsurlaub

Küche:
17:00-21:00 Uhr
Sa. 11:30–14:00 Uhr und 17:00–21:00 Uhr
So., Mo. und Di. Ruhetag
Juli und August Di. bis Sa.

2023 Zertifiziert

Gault&Millau	4 Hauben	17,5 Pkt.
Falstaff	3 Gabeln	93 Pkt.
A la Carte	★★★	86 Pkt.

Unbedingt regional

Fisch spielt die Hauptrolle bei den Brüdern Sicher: Saibling, Forelle, Karpfen, Huchen, Lachsforelle und der Sicher Kaviar werden mit Kräutern, Blüten und Gemüse aus eigenem Anbau zu kreativen Interpretationen verarbeitet. Michael Sicher vereint Spitzengastronomie und Slow Food Philosophie, dabei sprüht er vor Ideen, nicht nur in der Küche, auch im Garten. Selbst angebaut werden essbare Blüten, Mönchsbart, Topinambur, Yukon, Süßkartoffeln, Violettakartoffeln, Palmkohl, ausgefallene Kräuter und winterharte Pfeffer sorten, Bitterorange und schottischer Luststock. Die Fische kommen aus den eigenen Teichen, schonend und artgerecht gehalten. Wolfgang Sicher kümmert sich um das Wohl der Gäste und die Weinkarte. Stimmungsvoll ist der Gastgarten und heimelig die gemütliche Stube. *gk*

4,5 Schnecken

Die Jury verleiht 4,5 Schnecken nur an jene, die nahezu alles aus regionaler Produktion verwenden. Diese Gastgeber verstehen es, echte Lebensmittel achtsam zu veredeln und ihre Gäste zu begeistern.
Außerdem verwenden sie alte Sorten und Raritäten. Das schätzen Einheimische, Gäste und Jurymitglieder.

Wagyu und Sushi made in Carinthia
Klein, fein und immer für eine Überraschung gut ist das Restaurant im Berghotel Hois in Heiligenblut. Küchenchef Jürgen Bockenfeld zaubert etwa aus heimischen Produkten Alpen-Sushi: „Statt Tang nehme ich Kohlblätter, Fisch und Fleisch kommen aus der Region." Auch mit Steaks oder Tatar vom reinrassigen Kärntner Wagyu-Rind verwöhnt er die Gäste. Mehr als 100 Produzenten aus Kärnten versorgen Bockenfeld mit ihren Spezialitäten, da fehlen natürlich auch die Kärntner Nudeln nicht. Vieles wird auch selbst produziert: „Kraut, Paprika und Rote Rüben werden von uns eingelegt, auch Kräutersalze, Öle und Pesto machen wir selber." Gekocht wird für die Hotelgäste und Tagesbesucher mit Voranmeldung. *wd*

4,5

Berghotel HOIS ***Superior

Familie Lackner
Winkl 80
9844 Heiligenblut
am Großglockner
T +43 4824 2015
hois@netway.at
www.berghotelhois.at

Öffnungszeiten:
In der Saison täglich,
telefonische Voranmeldung

Küche:
Ab 18:00 Uhr

2023 Zertifiziert

4,5

Schloss Lerchenhof

Familie Steinwender
Untermöschach 8
9620 Hermagor
T +43 4282 2100
info@lerchenhof.at
www.lerchenhof.at

Öffnungszeiten:
Sommer: 12:00–21:00 Uhr
Winter: 12:00–21:00 Uhr

2023 Zertifiziert — Slow Food Travel

Falstaff		82 Pkt.

Nachhaltige Naturküche im Schloss
Ob im schattigen Gastgarten oder in der schönen Stube mit dem alten Kachelofen – im Schloss Lerchenhof kann man mit gutem Gewissen gemütlich genießen: Johann Steinwender jun. achtet darauf, dass die Zutaten für seine Naturküche möglichst wenige Kilometer zurücklegen müssen. Den Genussteller mit den vier selbst gemachten Specksorten sollte man unbedingt probieren. Vieles kommt vom eigenen Bauernhof. Gemüse und Getreide für das hausgemachte Brot wird an den „Kraftplätzen" rund ums Schloss selbst angebaut.
Zum Gailtaler Fisch gibt es Gemüsecurry – ganz kann der weitgereiste Küchenchef seine Liebe zur asiatischen Küche doch nicht verleugnen und so kommt es zu unerwarteten saisonalen und regionalen Geschmackserlebnissen. *wd*

Eine Granate in der Küche

Beim Metzgerwirt in Radenthein lernt man den Geschmack der Region kennen. Mittags wird in der Landhausküche ein köstlicher Heringssalat oder eine echte Rindsuppe mit Leberknödel serviert. Am Abend kann man ein mehrgängiges Menü, das Wirt Emanuel Stadler liebevoll komponiert, genießen. Tiere werden „from nose to tail" verarbeitet. So können sich Innereien-Liebhaber über Kalbs- oder Lammnieren, geröstete Leber, gebratenes Bries oder Kalbsbeuschel freuen. Je nach Jahreszeit bereitet der Metzgerwirt frische Fische, zum Beispiel Reinanken oder Karpfen aus dem Millstätter See oder Gansln aus heimischer Zucht, mit allerlei köstlichen Zutaten zu. Dazu sollte man sich einen von Frau Stadler ausgesuchten Wein und unbedingt hausgemachte Granat-Schokopralinen gönnen. *et*

4,5

Metzgerwirt

Familie Stadler
Hauptstraße 22
9545 Radenthein
T +43 4246 2052
stadler.emanuel@
metzgerwirt.co.at
www.metzgerwirt.co.at

Öffnungszeiten:
Mo. und Di. ganztägig
Mi. und Do. Ruhetag
Fr. und Sa. ganztägig
So. ganztägig

Küche:
11:00–14:30 Uhr
17:30–21:00 Uhr

2023 Zertifiziert

Gault&Millau 13,5 Pkt.
Falstaff 86 Pkt.

4,5

Trattlers Einkehr

Familie Forstnig
Teichstraße 7
9546 Bad Kleinkirchheim
T +43 4240 8114
einkehr@trattlerhof.at
www.trattlers-einkehr.at

Öffnungszeiten:
7. Dez. 2022 bis 10. April
und 12. Mai bis 11. Nov.
täglich 11:30–24:00 Uhr
Montag Ruhetag im
April, Mai, Juni, Okt., Nov.

Küche:
11:30–22:00 Uhr

2023 Zertifiziert

Slow Food Village

Falstaff		81 Pkt.

Hüttenromantik mitten im Ort

Normalerweise wähnt man so eine urige Almhütte mitten in den Nockbergen in luftiger Höhe zwischen Zirben und Lärchen. Trattlers Einkehr findet man aber praktischerweise mitten im Zentrum von Bad Kleinkirchheim. Ein Erlebnis ist der Brotbackofen, aus dem es verführerisch duftet und der Fischräucherofen, wo Forellen und Saiblinge aus dem angrenzenden Teich zu Räucherspezialitäten mutieren. Regionalität und Saisonalität sind für die Familie Forstnig ein Auftrag. Ganz in der Nähe befinden sich der Mallhof mit besten Milchprodukten und die Kaslab'n mit Käseköstlichkeiten aus Schaf- und Ziegenmilch. Schwammerln und Wild aus den umliegenden Wäldern verwandelt das Küchenteam zu feinen Kreationen. Selbst gemachtes Eis und die Trattlers Hoftorte sind die krönenden Desserts. *et*

Landgasthaus mit Kreativität
Das gemütliche Gasthaus Bacher ist eines der wenigen Häuser im Nockalmstil, aus dunklem Holz mit typischen weißen Fugen. Das Ambiente ist gemütlich, Kreativität bringt Junior- und Küchenchef David in die solide Landhausküche. Viele Gäste kommen wegen des exzellenten Kärntner Ritscherts mit viel Selchfleisch und den von Hand gekrendelten Nudeln mit allerlei köstlichen Füllungen (Selchfleisch, Kletzen, Topfen, Erdäpfel, Äpfel). Dass fast alle Produkte in der Region und bei Bio-Produzenten eingekauft werden, schmeckt man. Wenn man Glück hat, kocht David nicht nur eine gute Rindssuppe mit viel Liebstöckl aromatisiert, sondern auch eine Brühe aus heimischen Fischen mit Gemüse und Safran. Dem verführerischen Karamellduft des Kaiserschmarrns kann kaum ein Gast widerstehen. *et*

4,5

Gasthaus Bacher

Heidrun und
Jürgen Himberger
Gnesau 38
9563 Gnesau
T +43 4278 295
himberger.gnesau@aon.at
www.bachergnesau.com

Öffnungszeiten:
9:00–22:00 Uhr
Ruhetag Mi. und Do.

Küche:
11:30–20:00 Uhr

2023 Zertifiziert

4,5

Alte Point

Claudia und Bernhard Trügler
Dorfplatz 4
9543 Arriach
T +43 4247 8523
office@altepoint.at
www.altepoint.at

Öffnungszeiten:
Mo., Di. Ruhetage
Mi. 17:00–23:00 Uhr
Do. bis So. 10:00–23:00 Uhr

Küche:
Mi. 17:00 bis 21:00 Uhr
Do. bis So. 11:30–14:00 Uhr
und 18:00–21:00 Uhr

2023 Zertifiziert — Slow Food Village

Gault&Millau 13,5 Pkt.
Falstaff 88 Pkt.

Heimisches im Mittelpunkt

In der Alten Point im Kärntner Mittelpunktort und Slow Food Village Arriach stehen heimische Produkte im Mittelpunkt. Die Liste regionaler Lieferanten ist lange, Kitz und Lamm kommen von Bauern aus der Umgebung, die Fische aus dem Millstätter See, aus Sirnitz und Feld am See, die Erdäpfel aus St. Egyden. Wichtig aber ist, was 2-Hauben-Koch Bernhard Trügler aus den feinen Produkten macht: Die Karte passt sich – von Spargel über Wild bis Kürbis – dem Geschmack der Saison an, am Wochenende kommen ofenfrisch duftende Braten von Kärntner Schweinen dazu. Natürlich sind die Kasnudel hausgemacht. Besonders erwähnenswert sind Claudia Trüglers charmanter Service und ihre Weinkompetenz. *hg*

Große Liebe zu Fisch

Noch näher am Ossiacher See ist man nur auf dem Wasser: Von der traumhaften Sonnenterrasse und dem verglasten Restaurant der ehemaligen Stiftsschmiede genießt man unvergessliche Ausblicke – und natürlich raffinierte Köstlichkeiten, die Gastgeber und Chefkoch Gerhard Satran selbst an der lodernden Esse, der alten Feuerstelle, „schmiedet". Fisch ist die große Leidenschaft des fröhlichen Kochs und er verwendet dafür am liebsten hochwertige Wildfänge oder Fische von der heimischen Fischzucht Payr. Auch bei den anderen Lebensmitteln wird kompromisslos Wert auf Regionalität und Saisonalität gelegt. Daraus werden köstliche Gerichte mit Harmonie gezaubert, die jeden Feinschmecker begeistern.
Tipp: Sonntagsbrunch! *ih*

4,5

Stiftsschmiede Fischrestaurant am See

Gerhard Satran
Ossiach 4
9570 Ossiach
T +43 676 4011793
office@stiftsschmiede.at
www.stiftsschmiede.at

Öffnungszeiten:
Do. bis Sa. ab 17:30 Uhr,
im Juli und August
auch Mo., Di.
So. Mittagsbrunch

Küche:
17:30–22:00 Uhr

2023 Zertifiziert

Gault&Millau	13 Pkt.
Falstaff	88 Pkt.

4,5

Enotega by Tschudl Hof

Ing. Hans Putz-Himmel
Hausergasse 15
9500 Villach
T +43 4242 28877
info@enotega.at
www.enotega.at

Öffnungszeiten:
Do. bis Mo. 16:30–23:00 Uhr

Küche:
Do. bis Mo. 16:30–21:30 Uhr

2023 Zertifiziert

Nachhaltig vom eigenen Bauernhof
Nach dem Prinzip „From nose to tail" wird in der Enotega gekocht. Kein Wunder, Julia und Hans Putz-Himmel betreiben einen Bauernhof samt Hühnerund Rinderzucht und haben sich der Nachhaltigkeit verschrieben. Jedes Teil eines Tieres ist kostbar – so auch die der selbst gezüchteten Charolais- und Black and Red Angus-Rinder. Rund 80 Prozent der Zutaten kommen vom eigenen Hof, den Rest liefern Produzenten aus der Umgebung. Unnötig zu erwähnen, dass alle Gerichte, die rund um das Team von Egor Kirikov gezaubert werden, regional, saisonal und traditionell sind. Für Geschmackserlebnisse der besonderen Art sorgen Boeuf Bourguignon vom Charolais-Rind, Kasnudeln mit Trüffelbutter oder Lammgulasch mit Zuckermais, Kohlrabi und Grammln. Auch Kärntner Fisch und Wild haben ihren Platz auf der Speisekarte. *uz*

Genuss beim Winzer und Landwirt

Während der Blick über den Weingarten, über sanfte Hügel bis zu den Karawanken streift, genießt man ein Glas Chardonnay vom hauseigenen Weingut; so beginnt ein perfekter Sommerabend im Restaurant Leiten. Restaurantleiter Leo Suppan und sein Bruder, Küchenchef Bruno servieren ein feines Menü von den selbst gezüchteten Mangalitza- und Duroc-Schweinen, vom Steinerhof-Lamm oder mit Fischen aus der Sirnitz. „Viele unserer Gäste lassen sich gerne überraschen." Sonntagabend ist Restlessen angesagt: „Da wundern sich viele, wie gut Restln schmecken können." Und so wird ganz nebenbei auch der respektvolle Umgang mit den Lebensmitteln zelebriert, für Hausherrn Georg Lexer so wichtig wie kurze Transportwege und gute Beziehungen zu den Herstellern. *wd*

4,5

Restaurant Leiten am Weingut Karnburg

Leiten 6
9063 Klagenfurt
am Wörthersee
T +43 676 3504220
restaurant@leiten.eu
leiten@alpenspirit.eu
www.leiten.eu

Öffnungszeiten:
Do., Fr. 16:00–22:00 Uhr
Sa., So., feiertags
12:00–22:00 Uhr

2023 Zertifiziert — Slow Food Travel

Gault&Millau		13 Pkt.
Falstaff		86 Pkt.

4,5

Landgasthof Neugebauer

Familie Krings-Neugebauer
Graben 6
9335 Lölling
T +43 4263 407
neugebauer@loelling.at
www.landgasthof-neugebauer.at

Öffnungszeiten:
Mo. und Di. Ruhetag

Küche:
Mi. bis Fr. 11:30–14:00 Uhr
und 17:30–20:30 Uhr
Sa., So. und feiertags
11:30–19:30 Uhr

2023 Zertifiziert

Gault&Millau 12,5 Pkt.
Falstaff 85 Pkt.

Asien trifft Kärnten

Schon die Eltern Neugebauer haben das Gasthaus im Löllinger Graben zu einem wunderbaren Treffpunkt für Liebhaber traditionsreicher Kost gemacht. Mit Backhenderln, köstlichen Braten, molligen Suppen, Fischen aus den klaren Bächen und Ganserln im Herbst. Für die knusprigen Backhenderln ist das Gasthaus noch immer bekannt, doch mit Tochter Stefanie und Schwiegersohn Lothar ist ein ganz neuer Drive in die Küche gekommen.
Sie verwandeln Kärntner Saiblinge und Forellen aufs Köstlichste in Sushi und Maki. Zum Beispiel Kärntner Maki mit Fischtatar und Alpha-Zitronenöl oder Lachsforellen-Avocado-Maki mit Chili-Mayonnaise – so köstlich. Man sollte rechtzeitig einen Tisch reservieren, vor allem wenn es am Wochenende die asiatischen Köstlichkeiten gibt, deren Zubereitung Stefanie bei Asien-Aufenthalten gelernt hat. *et*

Alte Teller, junge Küche!

Noch ein Geheimtipp ist die Bär und Schaf Wirtschaft von Philipp Medved und Martin Nuart. Ihr Motto: Alte Teller, junge Küche, lokale Produkte und viel Wein! Und so arbeiten und kochen sie hauptsächlich mit Lebensmitteln, die im direkten Umkreis von kleinbäuerlichen Bio-Betrieben produziert werden. Vieles wird im Sommer und Herbst durch Fermentation und Einlagerung haltbar gemacht, um auch im Winter Kärntner Obst und Gemüse verarbeiten zu können. Zu den Spezialitäten des Hauses zählen u. a. Milchlamm und Weideschwein vom elterlichen Bio-Betrieb, Schafskäse und Varianten vom Karfiol. Alle Gerichte werden frisch zubereitet, beim Servieren erfahren die Gäste Interessantes über den Wert der Lebensmittel, deren Herstellung und ihren Beitrag zur Erhaltung der Biodiversität. *uz*

4,5

Bär und Schaf Wirtschaft

Martin Nuart &
Philipp Medved
2. Mai-Straße 18
9100 Völkermarkt
T +43 660 2100498
hallo@baerundschafwirtschaft.
www.baerundschafwirtschaft.at

Öffnungszeiten:
Do. und Fr. ab 18:00 Uhr
Sa. 12:00–15:00 Uhr
abends 18:00 Uhr
So. 12:00–15:00 Uhr

Küche:
Do. und Fr. ab 18:00 Uhr
Sa. 12:00–15:00 Uhr
und ab 18:00 Uhr
So. 12:00–15:00 Uhr

2023 Zertifiziert

Falstaff 89 Pkt.

4,0 Schnecken

Die Jury verleiht 4 Schnecken an Betriebe, die überwiegend Lebensmittel aus ihrem nahen Lebensraum verwenden. Frisch und saisonal servieren sie heimische Gerichte. Nachhaltig und ohne Verschwendung setzen sie auf die Verarbeitung „from nose to tail". Ihre handwerkliche Fertigkeit ist bei Gerichten zu schmecken und zu spüren.

Kärntner Wein zu Kärntner Spezialitäten

Kein echtes Kärntner Gasthaus ohne Kasnudeln: Die gibt es auch im Gasthof zur Schmiede – und Oberkärntner Erdäpfelnudeln obendrein. Küchenchef Franz Weiss versteht sich auf viele Wirtshausklassiker wie ein Malzbier-Bratl oder Cordon bleu, welches er mit Brösel- und Kräutertopfen und Gselchtem füllt. Immer auf der Speisekarte zu finden sind heimisches Rind und frischer Fisch. Viele Zutaten liefern die Bauern aus der Umgebung, auch Gemüse und Milchprodukte stammen aus der Region. Bio-Backhendln gibt es hin und wieder und saisonal Spargel oder Bio-Weidegänse mit Rotkraut und Knödeln. Aus der großen Auswahl von Kärntner Weinen findet sich dazu sicher ein gutes Glaserl. Birnen- und Apfelsaft kommen aus dem Lavanttal, das Mineralwasser aus Millstatt. *wd*

4,0

Gasthof zur Schmiede

Familie Michaela und Franz Weiss
Berg 4
9771 Berg im Drautal
T +43 4712 562
info@gasthofzurschmiede-berg.at
www.gasthofzurschmiede-berg.at

Öffnungszeiten:
Mi. bis Sa. 11:00–22:00 Uhr
So. 9:00–22:00 Uhr
Mo., Di. Ruhetag
in den Sommermonaten Mo., Di. ab 17:00 Uhr geöffnet

Küche:
11:30–14:00 Uhr und
17:30–20:30 Uhr

2023 Zertifiziert

Slow Food Village

4,0

Landhof Irschen

Markus Locker
Stresweg 8
9773 Irschen
T +43 4710 20048
info@landhof-irschen.at
www.landhof-irschen.at

Öffnungszeiten:
Mitte Mai bis Ende Okt.
Dez. bis Jänner
Feiern nach Absprache

Küche:
7:30–10:00 Uhr Frühstück
18:00–20:30 Uhr Abendessen

2023 Zertifiziert
Slow Food Village

Falstaff 81 Pkt.

Wo der Alltag ganz weit weg ist

Das Kräuterdorf Irschen ist ein wunderbarer Ort, um sich der Natur nahe zu fühlen und diese kulinarisch zu genießen. Gastgeber Markus Locker setzt bei seinen Gerichten mit Handwerk und Leidenschaft auf Regionalität, Nachhaltigkeit und Kreislaufwirtschaft. Ganz der Slow Food Philosophie entsprechend. „Local Heroes", ehrliche Lebensmittel wenn möglich vom Bauer nebenan, werden nicht nur zu raffinierten Degustationsmenüs und Galadinners verarbeitet. Der Genuss beginnt bereits mit ausgedehnten Frühstücksfreuden mit Bio-Vitalecke und hausgemachten Teesorten und setzt sich im regional gefüllten Picknickkorb und der Minibar mit gesunden Snacks fort. Zum kulinarischen Genuss kommt die einzigartige Lage inmitten der Natur und mit traumhaftem Ausblick auf Tal, Berge und den hauseigenen Badeschwimmteich. *uz*

Traditionelles, bodenständiges Essen
Bei Einheimischen und Urlaubern ist der Tröpolacherhof – seit fünf Generationen im Familienbesitz – für seine bodenständige Kärntner Küche beliebt. Klassiker wie die Käs- und Erdäpfelnudeln oder Gailtaler Fleischkrapfen werden natürlich hausgemacht und traditionsgemäß gekrendelt. Küchenchefin Christine Filippitsch und ihre Tochter Stefanie bieten saisonale Schmankerln an, schauen aber auch darauf, dass im Ritschert nicht zu wenig Gselchtes ist und Gulasch, Blutwurstgröstl, Wild oder Schwammerln nach überlieferten Rezepten der Oma zubereitet werden. Im holzgetäfelten Restaurant kümmern sich Peter Filippitsch und sein Schwiegersohn Michael um das Wohl der Gäste und servieren zum Nachtisch Palatschinken mit Marmelade oder knusprigen Apfelstrudel. *wd*

4,0

Der Tröpolacherhof

3-Stern-Superior-Hotel
& Restaurant
Familie Filippitsch
Tröpolach 52
9631 Tröpolach
T +43 4285 254
office@troepolacherhof.at
www.troepolacherhof.at

Öffnungszeiten:
8:00–22:00 Uhr
Di., Mi. Ruhetag
Betriebsurlaub: April, Nov.

Küche:
11:30–14:00 Uhr und
17:30–20:00 Uhr

2023
Zertifiziert

4,0

Plattner's Einkehr

Familie Plattner
Sonnenalpe Nassfeld 99
9620 Hermagor
T +43 4285 8285
reception@plattner.at
www.plattner.at

Öffnungszeiten:
Sommer: Ende Mai bis Anfang Oktober
Winter: Anfang Dez. bis Ostern

Küche:
Sommer 11:30–19:30 Uhr
Winter 11:00–17:00 Uhr
Durchgehend warme Küche

2023 Zertifiziert
Slow Food Travel

Einkehren und sich verwöhnen lassen

Gröst'l, Almburger, Kärntner Kasnudeln, Eisreindling ... schon beim Gedanken an diese herrlichen Speisen läuft einem das Wasser im Mund zusammen. Wanderer und Skifahrer kehren gerne im gemütlichen Almrestaurant mitten in der schönen Almlandschaft der Sonnenalpe Nassfeld ein und lassen sich die liebevoll zubereiteten Gerichte schmecken. Ein köstliches Zusammenspiel der Kärntner Küche mit jener der Nachbarländer Friaul und Slowenien, zubereitet aus den besten Lebensmitteln der Region. Wir befinden uns im Gailtal, der weltweit ersten Slow Food Travel Region, wo Almwirt und Slow Food Pionier Josef Plattner ein besonderes Erlebnis bietet: „Original Kärntner Holzknecht Frigga" gemeinsam in der Eisenpfanne über offenem Feuer zubereiten. Tipp: Grillabende jeden Mittwoch im Sommer. *ih*

Mit Freude frisch verkocht und mit Liebe serviert

In der weltweit ersten Slow Food Travel Region liegt das Hotel Wanderniki. Nicht nur Hausgäste kommen in den Genuss der kulinarischen Köstlichkeiten, die von Elvira Lanner mit viel Liebe geschmackvoll und nicht zu deftig zubereitet werden – jeder Besucher ist willkommen. Alles, was möglich ist, wird selbst gemacht – die Basis dafür liefern die eigene Landwirtschaft, der große Garten und der Jahresverlauf. Zu den Spezialitäten des Hauses zählen Speck, Hirschsalami, Schlipfkrapfen, Kaiserschmarrn, Braten, frische Kuchen und das von Oma Rosa gebackene Lesachtaler Brot, seit 2010 immaterielles Kulturgut. „Eine Köchin ist gut, wenn sie ständig lernt, im Geschmack probiert, Neues einfließen lässt und Freude daran hat". Und genau so ist es! Serviert werden die schmackhaften Speisen von Hausherr Niki persönlich. *uz*

4,0

Alpenhotel Wanderniki

Familie Lanner
Obergail 3
9653 Liesing
T +43 4716 294
office@wanderniki.at
www.wanderniki.at

Öffnungszeiten:
Anfang Mai bis
Anfang November

2023 Zertifiziert
Slow Food Travel

4,0

Hotel Arlbergerhof Vital

Familie Schwarzenbacher
Gatschach 47
9762 Weissensee
T +43 4713 2280
info@arlbergerhof.at
www.arlbergerhof.at

Öffnungszeiten:
8. Mai bis 10. Okt.
25. Dez. bis 31. Dez.

Küche:
Täglich 18:00–19:30 Uhr
gegen Voranmeldung

2023 Zertifiziert — Slow Food Travel

Falstaff 87 Pkt.

Slow Food nicht nur für Skistars

Im Arlbergerhof am Weissensee können einem schon einmal österreichische Skistars über den Weg laufen. Hausherr Peter Schwarzenbacher pflegt gute Kontakte zu Marco Schwarz & Co, die sich gerne von Küchenchefin Christine Schwarzenbacher verwöhnen lassen. Ihr ist Regionalität sowie der persönliche Kontakt mit den Produzenten seit Jahren ein Anliegen: „Shrimps und Meeresfisch gibt es bei mir nicht." Dafür Lamm vom Bauernhof ihres Vaters, je nach Saison Wild und Fisch aus heimischen Gewässern. Aus Gemüse aus dem Gailtal zaubert sie die tollsten Gerichte wie im Ofen geschmorte Rote Rohnen mit Espuma von Roten Rohnen. Vieles wird eingelegt oder fermentiert: „Damit ich die Produkte auch im Winter habe." *wd*

Vegan-vegetarischer Genuss

Der Weissensee ist ein Naturparadies, wie man es kaum noch findet: unverbaute Uferzonen, kristallklares Wasser und endlose Wiesen und Wälder. Das Strandhotel Weissensee hat die Naturphilosophie übernommen und in die vegan-vegetarische Küche integriert. Dass die saisonalen Lebensmittel von den umliegenden Landwirten frisch zur Verarbeitung einladen, ist Küchenchef Andreas Leib wichtig. „Die Wertschätzung beginnt bereits in der Auseinandersetzung mit jedem einzelnen Produkt", betont Leib. Im ersten rein vegetarischen Hotel-Restaurant Österreichs wird überraschend kreativ und vielfältig gekocht. Waldpilzbraten, Wirsingrolle oder variantenreiche Suppen könnten auch eingefleischte Fleischesser überzeugen. Zahlreiche Auszeichnungen wie Green Chefs, Natürlich gut essen und Veggie Hotels zeugen von der Qualität der Küche. *et*

4,0

Strandhotel am Weissensee

Alpenzart Hotel GmbH
Neusach 18
9762 Weissensee
T +43 4713 2219
info@strandhotel-weissensee.at
www.strandhotel-weissensee.at

Öffnungszeiten:
26. Dez. 2022 bis 11. März
28. April bis 2. Nov.

Küche:
Strandcafé im See-Spa:
12:00–18:00 Uhr
Restaurant im Strandhotel:
18:30–20:30 Uhr

2023 Zertifiziert

Gault&Millau	13,5 Pkt.
Falstaff	86 Pkt.

4,0

DAS MOERISCH

Familie Moerisch
Tangern 2
9871 Seeboden am
Millstätter See
T +43 4762 81372
info@moerisch.at
www.moerisch.at

Öffnungszeiten:
À-la-carte-Restaurant
18:30–21:00 Uhr
Kein Ruhetag

2023 Zertifiziert

Gault&Millau	2/4	13 Pkt.
Falstaff	2/4	85 Pkt.

Wildbret vom Chef

Vom See, den Bergen, bis zum Meer. So international wie die Gäste des Genießerhotels Moerisch ist auch die Küche, wenngleich die Produkte aus der näheren Umgebung stammen. Urlauber und À-la-Carte-Gäste werden mit einer besonderen Ess-Klasse verwöhnt. Das Ambiente im Garten hoch über dem Millstätter See ist traumhaft. Hotelier Sigi Moerisch streift als passionierter Jäger gerne durch die Wälder und dann findet man auf der Speisekarte den feinen Hirschrücken zart rosa gebraten mit Grant'n Rahmsauce und Serviettenknödel. Großartig schmecken die hausgemachten Bandnudeln mit Spinat oder die Rahmsuppe von der Gans mit Kräutern und Speck. Die Reinanke aus dem Millstätter See wird im Ganzen gebraten, wer Meeresfische liebt, bekommt den Branzino frisch aus der Adria. *et*

Mo.wi Genussphilosophie

Noch bevor man sich der Lektüre der Speisekarte hingibt, wird man mit den Lieferanten des Moserhofs bekannt gemacht, die fast alle Nachbarn sind. Da ist zum Beispiel der Hansbauer, der die Eier liefert, Fischer Olsacher, der Saibling und Reinanke aus dem Millstätter See fischt oder die Familie Scherling, deren Fleckvieh ganz nahe beim Moserhof weidet. All die gesunden, schmackhaften Produkte werden ideenreich zu köstlichen Kreationen verarbeitet. Zum Beispiel zu einer Forellenpannacotta und Saiblingstatar, einem fein gewürzten mo.wi-Beef Tatar (mo.wi ist das Kennzeichen für die Genussphilosophie), einem Duett vom Langalmtaler Hirsch mit Erdäpfel-Maronitascherln oder zu einem gebratenen Maishenderl mit Kürbispüree. Zum süßen Finale gibt es im Herbst eine Tannennadelpannacotta oder ein Zwetschken Crumble. *et*

4,0

mo.wi Restaurant

Familie Moser-Winkler
Hauptstraße 48
9871 Seeboden am Millstätter See
T +43 4762 81400
hotel@moserhof.com
www.moserhof.com

Öffnungszeiten:
Ganzjährig

Küche:
Di. bis Sa. 16:00–21:00 Uhr
So. und Mo. Ruhetag
Um Tischreservierung wird gebeten!

2023 Zertifiziert

Falstaff 83 Pkt.

4,0

Naturhotel Alpenrose GmbH

Familie Obweger-Baumann
Obermillstatt 84
9872 Millstatt am See
T +43 4766 2500
info@naturhotel-alpenrose.at
www.naturhotel-alpenrose.at

Öffnungszeiten:
Mitte März bis Mitte Nov.

Küche:
naturECHTes Frühstück
8:00–10:30 Uhr
Abendgenuss
19:00–20:00 Uhr
Nachmittags Kaffee und Kuchen auf unserer Panoramaterrasse

2023 Zertifiziert

Slow Food Village

Naturecht und biologisch!

„Natur muss gefühlt werden", meinte einst Alexander von Humbold. „Und geschmeckt!" wird man wohl hinzufügen, hat man erst einmal die herzhafte Kulinarik im Naturhotel Alpenrose kennengelernt. Das Beste von Berg und See wird hier aufgetischt, die Vielfalt der heimischen Lebensmittel von der Reinanke bis zum Almkäse verlockt zum naturechten Genießen. Brigitta Baumann ist mit Kräutern hoch über dem Millstätter See aufgewachsen und zaubert regionale Schmankerln nicht nur beim „Magischen Zauberfrühstück". Der Duft von frisch gebackenem Brot, ein Omelette mit Gundelrebe, Kalbsfilet mit Jungkarotten – perfekter Genuss mit regionalen Produkten und viel Liebe zur Natur. *wd*

Das ABC der Kärntner Küche

„Hütte" ist eine Untertreibung. Es ist schon ein stattliches Gasthaus, das an der Auffahrt zur Malta Hochalmstraße zu regionalen Köstlichkeiten einlädt. Wirtin Andrea Feistritzer hat viele Nahversorger um sich geschart, die diese frische, ehrliche Küche erst möglich machen. Hendln und Eier, Lamm und Rind, Forellen und Wild, Bauernhofprodukte, Kräuter und Gemüse: das alles kommt aus unmittelbarer Nachbarschaft. Die Speisekarte ist das ABC der heimischen Küche, von Nudeln über Braten bis Pfandln und Schnitzel. Unbedingt auch die Tagesempfehlungen nachfragen! So kommt man etwa in den Genuss besonders flaumiger Topfenknödel. Herrlicher Slow Food Genuss vor wildromantischer Berg- und Waldkulisse. *jw*

4,0

Restaurant Fallerhütte

Brandstatt 8
9854 Malta
T +43 4733 361
fallerhuette@gmail.com
www.fallerhuette.at

Öffnungszeiten:
Anfang Mai bis Ende Nov.
9:00–20:00 Uhr
Dienstag Ruhetag

Küche:
11:30–19:00 Uhr

2023 Zertifiziert

Falstaff 82 Pkt.

Dort, wo Kärnten besser is(s)t.

Genuss aus KÄRNTEN
Genussland Kärnten

Im Genussland Kärnten führt der Weg zum Genuss über Verantwortung und Vertrauen. Über Gemeinsamkeit und Sicherheit. Und das geht nur MITEINANDER. Es ist die Eierbäuerin aus dem Nachbarort, der Gemüseproduzent von nebenan, es ist der Kärntner Genusswirt – es sind alle, deren täglicher Antrieb es ist, Genuss zum Wohlergehen aller herzustellen. Gemeinsam mit über 600 Bauern, Manufakturen, Wirten, Handelspartnern und Schulen hat sich das Genussland Kärnten echtem Genusshandwerk aus der Region verschrieben.

Strenge und genaue Herkunfts- und Qualitätskontrollen garantieren im Genussland Kärnten, dass alle Partner höchste Anforderungen erfüllen, um Ihnen nur allerfeinsten Genuss zu servieren. Denn Genuss – so weiß man beim Genussland Kärnten – ist keine Frage der Größe oder des Angebots, sondern einzig und allein eine Frage der Hingabe und Leidenschaft.

Erfahren Sie mehr unter **www.genusslandkaernten.at**

© Arnold Poeschl

Genusshütte mit Gourmetfaktor
Man nehme zwei Hüttenwirte, einen Haubenkoch und lasse sich das Ergebnis auf der Zunge zergehen. Stefan Lastin kocht jetzt auf der Gamskogelhütte und kredenzt hier die besten Produkte aus Kärnten und Salzburg. Gemüse kommt vom Gailtaler Hof Kunz, Kalb aus dem Lungau und das Angusrind liefert kein Geringerer als Fritz Strobl.
Unter Tags herrscht regulärer Hüttenbetrieb mit hausgemachten Kasnudeln oder einem butterzartes Rindsgulasch teilweise in Selbstbedienung.
Der obere Gastraum der Hütte wird an mehreren Abenden der Woche exklusiv den Gourmets des Landes gewidmet. Hier servieren Lastin und sein Team neben herausragenden Weinen ein saisonales Slow-Food Menü, welches zu den besten des Landes gehört. *dp*

4,0

Gamskogelhütte

Familie Strafner-Aschbacher
und Stefan Lastin
Katschberghöhe 15
9863 Rennweg am Katschberg
T +43 664 337 66 78
info@gamskogel.at
www.gamskogel.at
www.heiraten-am-berg.at

Öffnungszeiten:
Dezember bis Ostern
Ende Mai bis Ende Oktober

Küche:
Fine Dining Mi. und Do.
18:00–21:00 Uhr
Reservierung erforderlich
wegen Transportshuttle
zur Hütte. Di. und Sa.
Hütten-Rodeltermine

2023
Zertifiziert

4,0

Gasthof Prunner

Familie Prunner
Hauptplatz 15
9853 Gmünd
T +43 4732 2187
gasthof@prunner-gmuend.at
www.prunner-gmuend.at

Öffnungszeiten:
9:00–22:00 Uhr
Sept. bis Juni Di. Ruhetag

Küche:
11:30–14:00 Uhr und
17:30–20:30 Uhr

2023 Zertifiziert

Auf kulinarischer Entdeckungsreise

„Einfach, ehrlich & bodenständig": Genauso wie Max und Marie-Luise Prunner ihre Küche im ehrwürdigen Gebäude am Hauptplatz der Künstlerstadt Gmünd beschreiben, ist es auch. Viele der Produkte stammen aus dem eigenen Gemüsegarten oder der kleinen, aber vielfältigen Landwirtschaft. So viel wie möglich wird frisch verarbeitet, auch die Kunst der Konservierung – selbst eingeschnittenes Sauerkraut, Kräuterpesto oder eingelegtes Gemüse – wird perfekt beherrscht. Auf die ganzheitliche Verarbeitung wird größter Wert gelegt – und so kommen auch Kalbsleber und Kalbsbeuschel oder Sulze aus Kopffleisch auf den Teller. Zu den Spezialitäten des Hauses zählen nicht nur die hausgemachten Kasnudel, sondern auch das gekochte Rindfleisch vom Prunnerhof und je nach Saison Spezialitäten von hauseigenen Lämmern, Kitzen und Kaninchen. *uz*

Tradition neu interpretiert
Mehr als 300 Jahre Kochtradition haben im Gasthof Post in Rennweg am Katschberg ihre Spuren hinterlassen. Die alten Rezepte werden mit innovativen Ideen kombiniert und mit besten Zutaten aus der Region verwirklicht. Dazu zählen Wildspezialitäten aus der Eigenjagd und dem Hegering Rennweg oder fangfrische Fische aus dem eigenen Fischteich. Wenn's beim Seniorchef mit dem Petri Heil nicht klappt, hilft die Fischzucht Feld am See aus. Nach der Hauptspeise – auch Nudelgerichte zählen zu den Favoriten des Hauses – sollte auf jeden Fall noch Platz für hausgemachtes Süßes, z. B. Strudel und Törtchen sein. Den Abschluss bilden Rohmilchkäsesorten, z. B. Kärntner Camembert vom Heinrichbauer sowie Käsevariationen vom Adambauer. *uz*

4,0

Gasthof Post

Familie Elisabeth Heiß
Rennweg 5
9863 Rennweg am Katschberg
T +43 4734 204
info@gasthofpost-rennweg.at
www.gasthofpost-rennweg.at

Öffnungszeiten:
Täglich 7:00–23:00 Uhr

Küche:
Täglich 11:00–14:30 Uhr
und 16:30–21:00 Uhr
Im Winter 15:00–21:00 Uhr

2023
Zertifiziert

4,0

Landhotel Lindenhof

Angelika und Hannes Nindler
Dorfstraße 8
9544 Feld am See
T +43 4246 2274
urlaub@landhotel-lindenhof.at
www.landhotel-lindenhof.at

Öffnungszeiten:
À-la-carte-Stuben im Lindenhof 13. Mai bis 29. Sept.

Küche:
À-la-carte-Stuben im Lindenhof Do. bis So. 18:00–21:30 Uhr

2023 Zertifiziert

Gault&Millau		13 Pkt.
Falstaff		86 Pkt.

Fische sind ihre Passion

Heimische Fische sind die Passion der Familie Nindler. Das kommt nicht von ungefähr. Denn das Landhotel Linde ist von Seen umgeben. Ganz nah liegt der Brennsee, worin sich der Kärntner Låxn tummelt. Die Reinanken werden aus dem Millstätter See gefischt und Gold-, Regenbogen- oder Tigerforelle stammen aus der Fischzucht Andreas Hofer. Daher kommen die Fische ganz frisch auf den Tisch. Vor der Haustüre liegen auch die Nockberge, wo die berühmten Nockberge-Rinder grasen. Beef Tatar, Entrecote, Braten und Schnitzerln werden aus den besten Stücken zubereitet. Für Zwischendurch kann man in der Radlerei Platz nehmen, wo man zu Mittag kleine, frisch gekochte Gerichte genießen kann. Wer will, nimmt sich Wildragout, Kalbsbeuscherl oder ein Currygericht im Glas mit nach Hause. *et*

Viel Wärme rund um die Therme

Das Restaurant im Thermal Römerbad besticht mit moderner Architektur und Wohlfühlatmosphäre, für die Brigitte Gell und ihr Team sorgt. Stapel von Büchern, Lampen, Bilder geben dem Raum einen wohnlichen Touch. Ob Säfte, Weine, Fleisch, Brot, Sprossen oder Fisch – Küchenchefin Brigitte Gell macht es sichtlich Spaß, besondere Lebensmittel von Nachbarn zu erwerben und daraus besondere Gerichte zu fabrizieren. Selbst gemachte Saucen zum Kärntner Burger oder zu Fish and Chips aus heimischem Fang sind ein Muss. Das rahmige Kalbsgulasch mit Brettnockerln zergeht auf der Zunge, die Dressings für die bunten Salate sind mit viel Liebe komponiert. Poppige Kreativität steckt im Popcorn mit „salted caramel" und Schlagobers. Erfreulich sind die preiswerten Tellergerichte, die Slowfoodaffine Einheimische gerne zu Mittag genießen. *et*

4,0

gellius

Brigitte Gell
Dorfstraße 74
9546 Bad Kleinkirchheim
T +43 664 2126526
office@gellius.at
www.gellius.at

Öffnungszeiten:
Di. bis So. 11:30–23:00 Uhr

Küche:
11:30–20:30 Uhr

2023 Zertifiziert

Falstaff 81 Pkt.

4,0

Restaurant Loystubn Hotel Pulverer

Siegrun und August Pulverer
Thermenstraße 4
9546 Bad Kleinkirchheim
T +43 4240 744
hotel@pulverer.at
www.pulverer.at

Öffnungszeiten:
Täglich 12:00–14:00 Uhr
und 18:00–22:00 Uhr
Dez. bis Ende März und
Juni bis Mitte November

Küche:
Hotelöffnungszeiten
12:00–13:30 Uhr
18:00–21:00 Uhr

2023 Zertifiziert — Slow Food Village

Gault&Millau		13 Pkt.
Falstaff		87 Pkt.

Das Gute ist so nahe

Die Loystubn im Thermenhotel Pulverer ist ein Ort zum Wohlfühlen. Holz getäfelt, dunkler Holzboden, gemütliche Pölster – ein Ambiente, das Gemütlichkeit ausstrahlt. Dazu passen die Gerichte, die an den Geschmack der Kindheit erinnern. Kräftige Suppen mit allerlei feinen Einlagen, Kärntner Lachsforelle in der Kräuterkruste oder mit Hadn-Panier, Wienerschnitzerl vom Kalb in Butterschmalz gebacken, flaumiger Kaiserschmarrn oder Topfentraum vom Biohof Mallhof. Ein Loy-Klassiker ist der Tafelspitz vom Nockberge Almrind mit den traditionellen Beilagen. Viele Lebensmittel stammen vom eigenen Hof. Saiblinge und Forellen werden in den Hausteichen gezüchtet, das Damwild für die schmackhaften Wildgerichte äst im Gehege am Hochwalder, Kräuter und Gemüse gedeihen vor der Haustüre. *et*

Eine Hütte wie im Märchen

Der Aufenthalt in der Unterwirthütte ist wie ein unvergesslicher Urlaubstag. Die Fahrt mit dem Traktortaxi über Stock und Stein ist schon ein tolles Erlebnis, das nur durch die gemütliche Hütte mitten im Wandergebiet Maibrunn getoppt wird. Es ist wie ein märchenhaftes Knusperhäuschen: Ein Meer bunter Blumen schmückt die Holzfassade und im Winter türmt sich dort glitzernder Schnee. Durch die heimelige Stube zieht der Duft von frisch gebackenen Buchteln oder des eben aus dem Backrohr gezogenen Vanillekuchens. Auf der Terrasse warten die Gäste auf die echte Rindsuppe, die mit Liebstöckl aus dem eigenen Hochgarten auf 1.300 Metern Höhe gewürzt wird, und auf den Schweinsbraten vom Fleisch eigener Schweine. Alles, was nicht auf dem eigenen Hof produziert wird, kommt von den Bauern und Produzenten der Umgebung. *et*

4,0

Unterwirt Hüttn

Familie Krenn
Maibrunnabfahrt – Kleinkirchheim 8
9546 Bad Kleinkirchheim
T +43 699 17198508
huette@unterwirt-bkk.at
www.unterwirt-bkk.at

Öffnungszeiten:
Mitte Dez. bis Ende März und Pfingsten bis Oktober

Küche:
10:00–16:00 Uhr

2023 Zertifiziert

4,0

Stofflwirt

Familie Bernd Mitterer
Deutschberg 6
9551 Bodensdorf
T +43 4243 6920
stofflwirt.mitterer@aon.at
www.stofflwirt.at

Öffnungszeiten:
11:30–23:00 Uhr
Ruhetage Mo. und Di.

Küche:
11:30–13:45 Uhr und
17:30–20:30 Uhr

2023 Zertifiziert

Falstaff 84 Pkt.

Beste Aussichten für Genießer

Die Aussicht von der Sonnenterrasse aus ist unbezahlbar. Der Ossiacher See liegt einem hier in beinahe voller Länge zu Füßen, in herrlichen blau-grünen Schattierungen. Die Kulinarik steht dem Ausblick zum Glück um nichts nach. Frisch, regional, traditionell, das sind die drei Prinzipien für die ausgezeichnete Küche. Stofflwirt Bernd Mitterer und seine MitarbeiterInnen umsorgen die Gäste höchst aufmerksam. Ob Kasnudeln oder Wiener Schnitzel, ob Kärntner Låxn oder gebackene Champignons, hier trifft regionale Herkunft auf Kochkunst. Die sorgfältig kuratierte Weinkarte macht den kulinarischen Ausflug perfekt. Das hat sich freilich längst herumgesprochen. Deshalb sind Reservierungen dringend empfohlen! *jw*

Heimisch und höchst appetitlich

„Passt alles bei Euch?" Wenn Chefin Petra Prasser nach dem Servieren der Speisen noch mal eine Runde durch das Restaurant macht, ist das nur eine von vielen Facetten der Umsicht, mit der im Jedermann gearbeitet wird. Mit Mann und Küchenchef Christian setzt sie vorrangig auf Kärntner Qualitätsprodukte, das reicht von Fleisch und Fisch bis zu Eiern und Gemüse. Und das schmeckt man auch. Knackige Salate und Gemüsebeilagen, zartes Fleisch, viel Finesse beim Würzen mit frischen Kräutern und hochwertigen Ölen, alles höchst appetitlich angerichtet. Viele kommen von weit her für die perfekten Steaks aus österreichischem Dry Aged Beef. Wer dann noch Platz hat: Die Dessertkarte hält viele krönende Köstlichkeiten bereit. *jw*

4,0

Restaurant, Wirtshaus, Kegelbahnen Jedermann

Petra und Christian Prasser
Bleiberger Straße 107
9500 Villach
T +43 4242 55860
office@jedermann.info
www.jedermann.info

Öffnungszeiten:
Ab 11:00 Uhr
Mo., Di. Ruhetag

Küche:
Mi., Do., Fr. 11:30–14:00 Uhr
und 17:00–21:00 Uhr
Sa. 11:30–21:00 Uhr
So. 11:30–20:00 Uhr

2023 Zertifiziert

4,0

Hotel Restaurant Zollner****

Kathrin und Herwig Zollner
Finkensteiner Straße 14
9585 Gödersdorf
T +43 4257 28560
office@hotel-zollner.at
www.hotel-zollner.at

Öffnungszeiten:
Täglich 7:00–24:00 Uhr
Kein Ruhetag

Küche:
11:30–14:00 Uhr
und 17:00–21:00 Uhr

2023 Zertifiziert

Familienbetrieb mit Herz
Bereits in siebter Generation lesen Kathrin und Herwig Zollner ihren Gästen so gut wie jeden Wunsch von den Lippen ab. Ehrliche Küche und herzlicher Service stehen hier an der Tagesordnung.
Das Wasser bezieht man aus der hauseigenen Quelle, die Kräuter und das Gemüse werden im großzügigen Garten angebaut, das Wild kommt aus der Eigenjagd. Mit etwas Glück ergattert man auch die von Hand gekrendelten Nudeln von Oma Silvia gefüllt mit Kartoffeln, Speck und Kräutern.
Die fleischlichen Gelüste werden in der Selch der Familie Zollner gestillt und die Fische kommen aus dem hauseigenen Teich auf den Teller. Kärntner Låxn im Ganzen gebraten, mit Rosmarinbutter, Petersilienkartoffel und buntem Gemüse – ein Traum! *dp*

Wirtshaus mit urigem Charakter
Schön, schöner Schönleitn. Das Wirtshaus am Faaker See hat den urigen Charakter behalten. Viel Holz, gemütliche Atmosphäre und vor allem traditionsreiche Kost, die Küchenchef Marco van den Broek perfekt beherrscht. Regionale und saisonale Zutaten sind ein Muss, daher beliefert die Elite der heimischen Produzenten die Küche. Im Winter zaubert der Chef kräftige Suppen auf den Tisch, wer möchte kann sich mit Kosterln durch die Suppenvielfalt kosten. Sehr fein auch die Zucchini-Zwetschgen mit flambiertem Ziegenkäse. Das Wienerschnitzel kann man wahlweise von der Milchkalbin oder vom Hausschwein wählen. Handgekrendelte Kasnudeln oder ein knuspriges Backhenderl stehen ebenfalls zur Wahl. Naschkatzen werden sich über den karamelisierten Kaiserschmarrn oder die „Kleine Sünde" freuen. *et*

4,0

Dorfwirt Schönleitn

Michaela Tiefenbacher
Dorfstraße 26
9582 Latschach/Oberaichwald
T +43 50 2384
dorfwirt@schoenleitn.at
www.dorfwirtschoenleitn.at

Öffnungszeiten:
Mai bis Okt., Dez. bis April
kurzfristige Ruhetage möglich

Küche:
12:00–21:00 Uhr, mit einer kleinen Karte am Nachmittag

2023 Zertifiziert

4,0

SEEHOTEL HUBERTUSHOF „IM GARTEN"

Familie Kenney
Europaplatz 1
9220 Velden am Wörthersee
T +43 4274 2676
office@seehotelhubertushof.com
www.seehotelhubertushof.com

Öffnungszeiten:
Täglich 11:00–23:30 Uhr

Küche:
Täglich 12:30–14:30 Uhr
und 18:30–21:30 Uhr

2023 Zertifiziert

Gault&Millau 13,5 Pkt.
Falstaff 86 Pkt.

Slow Food in Velden am Wörthersee
Ganzheitliches Denken herrscht im Hotelbetrieb wie im Restaurant, das bedeutet auch enger Kontakt zu den Produzenten, gemeinsame Planung von Anpflanzung, Schlachtung. Tiere werden „from nose to tail" verarbeitet. Daraus werden dann auch besondere Gerichte wie Gulasch, Beuschel und Herzragout zubereitet. Auch die Fische kommen direkt aus dem Wörthersee, aus der Veldener Bucht oder auch aus Piran von Irene Fonda. Erdengold liefert Gemüse, Blüten und Obst aus dem Rosental – ehrliche, unaufgeregte Gerichte kommen aus der Küche von Thomas Eichwald. Natürliche Produkte werden hier bevorzugt und dieser Trend reicht bis in die Weinkarte, die natürlich österreichische Tropfen, aber auch Produkte europäischer Bio-Pioniere enthält. *gk*

Liebevoll gestaltetes Refugium

Zwischen Krumpendorf und Pörtschach, unweit des Wörthersees, haben Mutter Maria und Tochter Ines Frank ihr Refugium aus kleinem Hotel und Restaurant mit viel Geschmack liebevoll gestaltet. Das sieht man an der Einrichtung und am atmosphärisch so besonderen Gastgarten – und das schmeckt man auch. Das Küchenteam Bernd Thaller und Mario Mühl schafft mit vielen regionalen Produkten den Spagat von heimisch zu alpen-adriatisch inspirierten Gerichten, von der „ehrlichen Hühnersuppe" über die Ceviche vom Branzino und Duett vom Kärntner Reh bis zum Apfel-Mascarpone-Törtchen. Dazu werden ausgezeichnete Weine – auch aus Kärnten – kredenzt. *hg*

4,0

Restaurant Soleo

Familie Frank
Am Föhrenwald 17
9201 Krumpendorf
am Wörthersee
T +43 4229 2476
office@soleo.at
www.soleo.at

Öffnungszeiten:
Mi. bis Sa. ab 17:30 Uhr
So. 12:00–15:00 Uhr
So. im Juli und Aug.
ab 17:30 Uhr
Mo. und Di. Ruhetag

Küche:
Mi. bis Sa. 17:30–22:00 Uhr
So. 12:00–15:00 Uhr
So. im Juli und Aug.
17:30–22:00 Uhr

2023 Zertifiziert

Falstaff 86 Pkt.

4,0

Seespitz im Falkensteiner Schlosshotel Velden

Schlosspark 1
9220 Velden am Wörthersee
T +43 4274 520000
schlossvelden@falkensteiner.com
www.falkensteiner.com/schlosshotel-velden/restaurants-bars

Öffnungszeiten:
Täglich 11:30–22:00 Uhr

Küche:
11:30–17:00 Uhr und 18:00–20:45 Uhr

2023 Zertifiziert

Gault&Millau 13,5 Pkt.
Falstaff 92 Pkt.

Der Spitz am See

Wenn man Thomas Gruber auf einer Almwiese trifft, dann sammelt er dort die Kräuter für seine Küche. Er weiß, woher die Lebensmittel stammen und wer sie produziert hat, und findet immer wieder neue großartige Produzenten. Dass er diese Bodenständigkeit in einem so exklusiven Haus auch beibehalten kann, liegt auch an der Führungsebene. Obst und Gemüse kommen aus dem Vitalgarten von Bettina Binder, der Kaviar vom Sicher, das Mehl vom Biohof Tomic, und der Honig von Michael Allesch in Reifnitz. Leichte Fischgerichte und rohes Gemüse kreativ mariniert liegen im Trend, gut schmeckt das Getreiderisotto mit Vogelbeeren, gebunden mit Glundnem Käse und Butter vom Demeterhof Kraindorf bei St. Veit. Die unerschöpfliche Kreativität dreht sich mit dem Wandel der Jahreszeiten, Gruber setzt immer auf das saisonale Angebot. *gk*

Farbenfrohe Gerichte am See

Fisch aus Feld am See, Eier aus der Region, Rind vom Hof des Bruders, Lamm aus dem Drautal und Branzino aus der Adria, das ist gelebtes Slow Food. Ihr Faible für hochwertiges, außergewöhnliches Geschirr und die Präsentation der echten Produkte machen Andrea Grossmann zu einem wirklichen Unikat. Rezepte dürfen nicht zu kompliziert sein und sie liebt es, alte Gerichte neu zu interpretieren. Hier können auch TeilnehmerInnen der Kochkurse sehr viel Insiderwissen erfahren, auch wo die Produkte herkommen, welche alternativen Mehle und Fette zu verwenden sind und was unserem Körper wirklich guttut. Ganzheitlich betrachtet die leidenschaftliche Köchin nämlich ihre Küche und ihren gesamten Betrieb, denn ihre Handschrift zieht sich durch alle Bereiche und der malerische Seeblick trägt nicht zuletzt dazu bei, sich rundum wohlzufühlen. gk

4,0

das Balance****S

Familie Grossmann
Winklerner Straße 68
9210 Pörtschach
am Wörthersee
T +43 4272 2479
office@balancehotel.at
www.balancehotel.at

Öffnungszeiten:
Mi. bis So. 18:00–21:30 Uhr
Nov. und März geschlossen

Küche:
Mi. bis So. 18:00–21:30 Uhr

2023 Zertifiziert

Falstaff 87 Pkt.

4,0

See.gast.haus Krumpendorf

Jessica Hauser und
Markus Hammerschlag
Berthastraße 49
9201 Krumpendorf am Wörthersee
T +43 4229 3046
briefe@seegasthaus.com
www.seegasthaus.com

Öffnungszeiten:
Mi. bis So. ab 11:30 Uhr
Mo., Di. Ruhetag
Kann saisonal abweichen

Küche:
durchgehend
12:00–20:30 Uhr

2023 Zertifiziert

Falstaff 83 Pkt.

Regionale Küche direkt am See
Erste Reihe fußfrei am See – nichts beschreibt die Lage des Restaurants besser, der Blick auf den Wörthersee und die Alpen ist einzigartig. Im Seegasthaus wird Wohlfühlen und Genießen zu jeder Jahreszeit zu einem Erlebnis. Heimisches Rind-, Wild- und Lammfleisch, dazu Kärntner Gemüse – gekocht wird, was die Natur gerade bietet. Die Zutaten werden sorgfältig ausgewählt und ausschließlich aus der Region bezogen. Fangfrische Wörtherseewildfänge wie Reinanke, Waller oder Zander kommen im Ganzen gebraten oder konfiert auf den Teller. Die Kärntner Bio-Gansln werden klassisch und modern interpretiert zubereitet. Im Frühling wird das Angebot mit Lavanttaler Frühlingsenten und frischem Spargel abgerundet. *wd*

Immer sonnenverwöhnt

Dass es sich um einen Familienbetrieb handelt, ist schon beim Eintreten zu spüren. Die Kinder essen am Ecktisch neben der Theke und die Oma steht noch immer in der Früh in der Küche und hilft bei den Vorbereitungen. Sie sammelt auch Wildkräuter wie Giersch, Löwenzahn und wilde Kresse und Hollunderdolden für den selbst gemachten Saft. Wie die Familie aufgewachsen ist, so leben sie noch immer – ein Gasthof mit Bauernhof, die Rinder kommen aus der eigenen Landwirtschaft. Traditionelle Gerichte wie die gefüllten Nudeln kommen hier auch modern interpretiert und für Allergiker geeignet auf die Teller. Zurück zum Ursprung lautet das Motto, kurze Wege, echte Gerichte und die Liebe zum geschmackvollen Essen – so besticht der Platz an der ewigen Sonne auch im Winter. *gk*

4,0

Gipfelhaus Magdalensberg

Familie Skorianz
Magdalensberg 16
9064 Magdalensberg
T +43 4224 2249
info@magdalensberg.com
www.hotel-magdalens-berg.com

Öffnungszeiten:
Feb. Betriebsurlaub
von Sept. bis April Mo. und Di. Restaurant nur für Hotelgäste geöffnet
(außer an Feiertagen)

Küche:
Sommer: 11:00–21:00 Uhr
Winter: 11:00–20:00 Uhr

2023 Zertifiziert

Falstaff 82 Pkt.

4,0

Maltschacher Seewirt

Familie Spieß
Maltschach 2
9560 Feldkirchen
T +43 4277 2637
office@seewirt-spiess.com
www.seewirt-spiess.com

Öffnungszeiten:
Mai bis Sept. 10:00–22:00 Uhr
Mi. Ruhetag Okt. bis April
Fr. 16:00–21:00 Uhr
Sa. 10:00–21:00 Uhr, So. und feiertags 10:00–18:00 Uhr

Küche:
Mai bis Sept. 11:30–20:00 Uhr
Okt. bis April Fr. 16:00–20:00 Uhr, Sa. 11:30–20:00 Uhr
So. bis 17:00 Uhr

2023 Zertifiziert

Wertschätzung für Lebensmittel

Als Slow Food Gastwirt hat man Verantwortung. Die hat Familie Spieß gerne übernommen. Ihre Wertschätzung für gute Lebensmittel kommt von Herzen. Sei es die Weidegans aus dem Lavanttal, die Fische aus dem Gurktal, die Kräuter aus dem Garten, alle Lebensmittel, die Küchenchef Daniel mit Vergnügen kocht, sind mit Liebe ausgewählt. Gerne überrascht er seine Gäste mit mehrgängigen Menüs, denn da lässt sich seine Kreativität besonders ausspielen. Klassisch und immer gut sind der feine Tafelspitz, das knusprige Wiener Schnitzel und der echte Kärntner Nudelteller. Wunderschön ist die Lage mit Blick auf den idyllischen Maltschacher See, doch auch im Winter hat die Landschaft ihre Reize und der Seewirt hat das ganze Jahr geöffnet. *et*

Guates in Kärntner Mundart

Kärntnerischer geht es kaum: „Huckt's eich zuaba und losst's eich schmecken", lädt dieses gemütliche Wirtshaus unweit der berühmten Burg Hochosterwitz und des Weingutes Burg Taggenbrunn seine Gäste ein. Auf der Speisenkarte geht's mundartig weiter: Lump'n Supp'n, Bries vom Tuttelkalb, g'mischtes Grüanzeig, Wiener Schnitzale vom Kärntner Schweinkale, Topfennockalan, Had'nschmorn mit Grant'nschleck – und dazu trinkt man selbst gemachte Saftalan oder Motl- bzw. Simale Bier aus der eigenen Hausbrauerei. Vorbildlich: Produzenten des Marktplatzes Mittelkärnten liefern fast alles für die heimische Küche der engagierten Wirtsleit' und Mundartdichter. *hg*

4,0

Wirtshaus Gelter

Gelter Ges. b. R.
Goggerwenig 8
9300 St. Veit an der Glan
T +43 4212 36878
office@wirtshaus-gelter.at
www.wirtshaus-gelter.at

Öffnungszeiten:
Freitag, Samstag und Sonntag
11:00–24:00 Uhr

Küche:
11:00–20:00 Uhr

2023 Zertifiziert — Slow Food Travel

Falstaff 83 Pkt.

4,0

Hirter Braukeller

John Cuznar,
Cornelia Feuerstein
Hirt 1
9322 Micheldorf
T +43 4268 2050503
hirterbraukeller@hirterbier.at
www.hirterbraukeller.at

Öffnungszeiten:
So. bis Do. 10:00–22:00 Uhr
Fr. bis Sa. 10:00–23:00 Uhr
Mittwoch Ruhetag

Küche:
Warme Küche
11:00–21:00 Uhr

2023 Zertifiziert

Slow Food Travel

Das richtige Bier zu jedem Essen

Seit mehr als 750 Jahren wird in Hirt Bier gebraut, Zeit genug, um herauszufinden, welche Sorte zu welchem Gericht am besten passt: Zum Backhendl wird das Hirter Pils empfohlen, zum Gulasch das Hirter 1270. Selbst die Nachspeisen haben mit Malzparfait und Malztorte einen bierigen Touch. Wie beim Bierbrauen wird in der Küche auf regionale Zutaten geachtet, gekocht wird traditionell, wozu schon lange der Riesenburger – er ist riesig! – zählt. Das Filetsteak wird mit Whiskey-Pfeffer-Sauce serviert und für Linienbewusste gibt es ein gebratenes Gurktaler Lachsforellenfilet. Zur Jause schmeckt auch ein Hirter Bierteller mit Rindfleisch, Extrawurst und Sulzerl, mariniert mit hauseigenem Bieressig und Kernöl. Die Brauerei Hirt ist eine zertifizierte Slow Brewing Brauerei. *wd*

Garten Eden in Guttaring

Garten Eden für Genießer – so bewirbt der Brunnwirt Kassl seinen feinen Mix aus bodenständigem Landhaus und Gourmetrestaurant. Mit dem Prädikat Garten Eden darf sich die zum Haus gehörende Parkanlage schmücken, das Genießen findet in gemütlichen Stuben oder im „Toscana-Gastgarten“ (Eigendefinition) statt. Legendär sind hier die Fleischgerichte (Tafelspitz, Steaks!) aus eigener Fleischhauerei, ebenso legendär sind die Nachspeisen (himmlische Cremeschnitte), aber auch Kreatives und Mediterranes schmecken beim Kassl vorzüglich. Selbstredend kommen viele der Produkte aus dem reichen Genussumfeld des Marktplatzes Mittelkärnten. *hg*

4,0

Brunnwirt Kassl

Ferdinand Kassl
Unterer Markt 2
9334 Guttaring
T +43 4262 8125
brunnwirtkassl@aon.at
www.kassl-brunnwirt.at

Öffnungszeiten:
Mi., Do. Ruhetag

Küche:
11:30–14:00 Uhr
und 18:00–21:00 Uhr

2023
Zertifiziert

Gault&Millau		12 Pkt.
Falstaff		85 Pkt.

4,0

Gasthaus Zum Simale

Kreuth 12
9556 Liebenfels
T +43 664 4301060
info@aufderwegscheide.at
www.aufderwegscheide.at

Öffnungszeiten:
Mi. bis So. ab 10:00 Uhr

Küche:
Mi. bis So. ab 11:00 Uhr

2023 Zertifiziert

Frisch und freundlich

Beim Simale kommt man sicher ins Gespräch. Schon allein, weil Chefin Andrea Kogler die Speisekarte ausschließlich mündlich „serviert", stets mit vier, fünf tagesfrisch auf dem alten Holzherd zubereiteten Gerichten. Lokal und saisonal darf hier wörtlich genommen werden: vom im Wimitzer Bier geschmorten Schweinsbraten über saftig-süße Marillenknödel aus frischen Früchten bis hin zu selbst angesetztem Holundersaft. Spätestens beim Hirschbraten schmeckt man, dass die Chefin des Hauses eine passionierte Jägerin sein muss. Die Rezepte fürs Wildbret holt sie sich aus Omas handgeschriebenem Kochbuch. Wie überhaupt die ganze Familie mitanpackt und in der urigen „Trinkstube" für herzliche Atmosphäre sorgt. *jw*

Das Beste aus den Genussregionen
Nur das Beste aus der Region kommt bei Martin und Waltraud Hudelist auf den Tisch. Bei der Auswahl der Produkte greifen sie meist zu Produzenten vor der Haustüre. Auf der Genusskarte bestechen das Sülzchen vom Kärntner Wagyu-Rind mit Käferbohnen, die Grafensteiner Fischsuppe und das Filet vom Grafensteiner Saibling mit Schupfnudeln und Kohlrabi. Die Fischzüchter Pontasch, Poganitsch und Hofer sorgen für hohe Qualität und Frische. Klassiker sind die geschmorten Kalbsbackerln mit Erdäpfelpüree, die auf der Zunge zergehen und die frischen Backhenderln. Für Vegetarier stellt Hudelist einen saisonalen Überraschungsteller zusammen, der alles andere als langweilig ist. Auch bei den Desserts beweist er Einfallsreichtum. Die gebrannte Rosmarincreme mit Tonkabohnen ist nicht alltäglich und absolut köstlich. *et*

4,0

Der Hambrusch

Familie Hudelist
Klopeiner Straße 1
9131 Grafenstein
T +43 4225 24500
genuss@derhambrusch.at
www.derhambrusch.at

Öffnungszeiten:
Mi. bis Sa. 10:00–22:00 Uhr
So., Feiertag 10:00–20:00 Uhr

Küche:
Mi. bis Sa. 11:30–21:00 Uhr
So. 11:30–19:00 Uhr

2023
Zertifiziert

Falstaff 83 Pkt.

4,0

Altes Brauhaus

Georg Riepl
Bürgerlustgasse 2
9100 Völkermarkt
T +43 664 2428395
altesbrauhaus.
voelkermarkt@gmx.at
www.altes-brauhaus-vk.at

Öffnungszeiten:
Mi., Do., Fr., Sa.
11:00–21:00 Uhr
So. 11:00–15:00 Uhr

2023 Zertifiziert

Falstaff 81 Pkt.

Eine Küche wie zu Hause

Der Brauhaus-Wirt Georg Riepl wirbt mit einer „Küche wia z'Haus". In Wirklichkeit ist sie besser als zu Hause, vor allem, was die Auswahl betrifft. Von der einfachen Hausmannskost bis zum Degustationsmenü zaubert Riepl alles mit viel Hingabe auf den Tisch. Gugumucks Weinbergschnecken, Weidegänse oder Frühlingsenten vom Biohof Puck oder Fisch von der Fischzucht Marzi. Dazu gibt es eine große Auswahl exzellenter Weine. Das mächtige Gewölbe bietet das passende Ambiente. Fast alle Lieferanten sind in Reichweite. Nur die Trüffel holt er aus Istrien, um sie auf Eierspeisen, Steaks und Steinpilznudeln zu raspeln. Gäste freuen sich auch auf feine Rindsuppen, knusprige Backhendln oder ein deftiges Blunzn-Gröstl. Köstlich sind die Fischsuppe mit Flusskrebsen, Saiblingsstücke mit Pernot oder der flaumige Schokoladekuchen. *et*

Zusammensitzen und gut essen

Kaum hat man bestellt, wird schon die Suppe in der großen Schüssel für alle serviert. Die ist in Rückersdorf und in der Griffen Rast bis 17:00 Uhr nämlich bei jeder Hauptspeise inkludiert, ebenso wie Salat und Nachtisch. Darunter versteht Familie Jernej Gastfreundschaft. So haben es die Eltern schon gehalten, so setzen es die Kinder fort, die den Traditionsbetrieb mit Freude und Innovationsgeist führen. Dass man sich hier wie zu Hause fühlt, liegt auch an der flotten, freundlichen Bedienung und natürlich an der guten, ehrlichen Küche: typisch kärntnerisch mit mediterranem Einfluss. Das meiste ist hausgemacht und stammt aus der eigenen Bio-Landwirtschaft.
Tipp: Istrien-Wochen im November. *ih*

4,0

Mochoritsch

Familie Jernej
Rückersdorf 5/Rikarja vas 5
9123 St. Primus/
Šentprimož
Griffenrast
An der Abfahrt der A2
9112 Griffen
Mochoritsch-Eck
9122 St. Kanzian am
Klopeiner See
T +43 4237 2212
T +43 4233 25353
griffen-rast@mochoritsch.at
www.mochoritsch.at

Öffnungszeiten:
Landgasthof: Mai bis Sep.
11:00–22:00 Uhr
Griffen Rast: ganzjährig
8:00–22:00 Uhr
Mochoritsch-Eck: Mai bis Sep.
11:00–23:00 Uhr

2023 Zertifiziert

4,0

Gasthaus Poppmeier

Familie Poppmeier
Hauptstraße 4
9470 St. Paul im Lavanttal
T +43 4357 2087
richard@poppmeier.co.at
www.poppmeier.co.at

Öffnungszeiten:
Mi. bis Sa. 8:00–24:00 Uhr
So. 8:00–14:00 Uhr
Montag, Dienstag Ruhetag

Küche:
11:30–14:00 Uhr und
17:30–20:00 Uhr

2023 Zertifiziert — Slow Food Village — Slow Food Travel

Ein g'standenes Wirtshaus

Der Poppmeier ist noch ein richtiges Gasthaus, Wirt Richard Poppmeier ein leidenschaftlicher Koch und seine Gisela verwöhnt mit viel Schwung die Gäste in den getäfelten Stuben und auf der romantischen, von drei hundertjährigen Weinstöcken überrankten Terrasse. „Wir haben das Glück, in einer Region zu leben, die sehr vielfältig ist", meint Poppmeier. „Je nach Jahreszeit gibt es Spargel, Kürbisse oder Artischocken – alles von Produzenten vor der Haustür, frischer geht's nicht." Tiere werden „von hinten bis vorn" verwertet, daher gibt es im Herbst und Winter auch Beuschel oder gebratene Leber. Vieles stellt Poppmeier auch selber her, wie Lavendelessig für den speziellen Haussalat mit frischen Früchten. *wd*

Jung und bürgerlich

Viele Gasthäuser dieser Art gibt es in Kärnten nicht mehr. Zum Glück hat mit Daniel Dirnberger und seiner Frau die junge Generation Einzug in das gutbürgerliche Gasthaus genommen, was gar nicht mehr so selbstverständlich ist. Diese Art von Küche mit heimischen Produkten, hervorragend gekocht und ohne überflüssigen Schnickschnack hat auf jeden Fall Zukunft. Die wunderbar cremige Kürbissuppe oder den bunten Salat mit Käferbohnen würde man am liebsten täglich genießen. Üppig gefüllt mit schmelzendem Käse und Schinken ist das knusprige Cordon bleu und kross gebraten das Forellenfilet. Hier bekommt man auch noch einen vor Schlagobers und Schokolade strotzenden Indianer-Krapfen. Nichts für jeden Tag, aber eine süße Krönung eines gemütlichen Sonntagsessens. *et*

4,0

Gasthof Geiger

Daniel Dirnberger
Hauptplatz 67
9462 Bad St. Leonhard
T +43 4350 2253
info@gasthof-geiger.at
www.gasthof-geiger.at

Öffnungszeiten:
Di. bis Do. und Sonn- und Feiertag 8:00–15:00 Uhr
Fr., Sa. 8:00–2:00 Uhr
Mo. Ruhetag

Küche:
11:30–14:00 Uhr und
18:00–21:00 Uhr

2023 Zertifiziert

Falstaff 80 Pkt.

4,0

Landgasthof Hafner vlg. Hadnwirt

Peter Rupitz
Oberdorf 14/
Gornja vas 14
9155 Neuhaus
T +43 4356 2044
hadnwirt@aon.at
www.hadnwirt.info

Öffnungszeiten:
Mai bis Okt. Mi. bis So.
Nov. bis Apr.
Wochenendbetrieb!
Alle Feiertage geöffnet!

Küche:
11:00–14:00 Uhr und
17:00–20:30 Uhr
Nachmittags Nudelgerichte

2023 Zertifiziert

Zweisprachig genießen

Buchweizen – kärntnerisch: Hadn, slowenisch: Ajda – ist die Getreidespezialität im zweisprachigen Kärntner Unterland um die Kulturstadt Bleiburg. Der Vulgoname des Landgasthofes Hafner ist Hadnwirt, hochdeutsch würde er also Buchweizenwirt heißen. Hadn/Ajda wird hier zu Nudeln, Torten und Hadnreis veredelt, aber das ist nicht die einzige Köstlichkeit. Das seit 1861 bewirtende Landgasthaus hat eine eigene Duroc-Schweine-Zucht und ist für herzhafte Leberknödel, saftige Schweinsbraten, würzige Würste und gekochtes Rindfleisch mit Krensauce bekannt, die flaumigen Kasnudeln sind Extraklasse. Salate und Gemüse kommen zu einem guten Teil aus dem eigenen Garten. *hg*

Köstliches zum Hausbier

Wenn's das gemütliche Brauhaus Breznik in Bleiburg nicht gäbe, wo blieben all die Einheimischen, Berufs- und Feriengäste und all jene, die nette Runden und ein gut gebrautes Bier schätzen? Die Familie Breznik hat die Brautradition in Bleiburg wieder aufleben lassen und braut drei Biersorten, die sogar den kritischen Bierpapst Conrad Seidl zum Schwärmen bringen. Bier macht hungrig, daher stillt die Breznik-Küche mit kreativen heimischen Gerichten aus regionaler Herkunft so manchen Bärenhunger. Ob aromatische Forellenfilets aus Sorgendorf, köstliche Schwammerlnudeln mit Pilzen aus den nahen Wäldern, mit brauner Butter und Parmesan, Cevapcici, knusprige Ripperln, der üppig garnierte Brauhausteller oder hausgemachte Burger – alles köstliche Begleiter zum Hausbier. Als feine Happen erweisen sich die überbackenen Schwarzbrote. *et*

4,0

Brauhaus Breznik Hotel-Wirtshaus-Privatbrauerei

Familie Breznik
10.-Oktober-Platz 9
9150 Bleiburg/Pliberk
T +43 4235 2026
brauhaus@breznik.at
www.brauhaus.breznik.at

Öffnungszeiten:
Täglich geöffnet
16:30–24:00 Uhr
Sonntags geschlossen

Küche:
16:30–22:00 Uhr

2023 Zertifiziert

Falstaff 81 Pkt.

3,5 Schnecken

Die Jury verleiht 3,5 Schnecken an Betriebe, die bewusst Kärntner Lebensmittel als Basis in ihrer Küche einsetzen und sich überwiegend für Regionalität aussprechen. Für Gäste ist das Bekenntnis zu den Produzenten gut sichtbar. Hier finden Sie viele typische Gerichte der Region – einfach gut.

Regionale Genüsse à la minute
Man muss für dieses Restaurant kein Fleischtiger sein, aber es hat Vorteile. Denn die Klassiker wie Wiener Schnitzel oder Filetsteak kommen vom Kärntner Schwein bzw. heimischem Alpenrind – und schmecken göttlich! Herrlich zart sind die Wildgerichte, etwa der „Hubertusburger" mit gegrilltem Wildfleischpatty. Auch bei den Zutaten für die vegetarischen Alternativen wie Kasnudeln, Risotto mit Röstgemüse oder Veggie-Burger wird penibel auf regionale Herkunft geschaut. Als Gast kann man ganz genau hinschauen, denn die Küche ist zum Gastbereich hin offen und die Speisen werden mit viel Sorgfalt von Chefkoch Alex à la minute zubereitet. Was die gemütliche Wohnzimmeratmosphäre in der „Grillkunst" nochmal steigert. *jw*

3,5

GRILLKunst Restaurant & Lounge

Felix Kanton
Nicol Berger
Hauptplatz 15
9821 Obervellach
T +43 664 8537878
office@grillkunst-restaurant.at
grillkunst.obervellach.net

Öffnungszeiten:
Mi. bis So. 11:30–22:00 Uhr
Mo. und Di. Ruhetag

Küche:
11:30–14:00 Uhr und
17:00–20:00 Uhr

2023 Zertifiziert   Slow Food Village

Falstaff 82 Pkt.

3,5

Genuss-Stüberl

Imre Nyari
Obervellach 155
9821 Obervellach
T +43 664 5430690
info@genussstueberl.at
www.genussstueberl.at

Öffnungszeiten:
Di. bis Fr. 14:00–22.00 Uhr
Sa. bis So. 11:00–22.00 Uhr
Montag Ruhetag

Küche:
Di. bis Fr. 14:00–21.00 Uhr
Sa. bis So. 11:30–21.00 Uhr

2023 Zertifiziert
Slow Food Village

Von Kopf bis Fuß auf Slow Food eingestellt

Das „Genuss-Stüberl“ beim Erlebnisbad macht dem Slow Food Village Obervellach alle Ehre! „Zu 98 Prozent kommen die Produkte von den Bauern aus der Region, Gemüse und Kräuter zu hundert Prozent und die Gewürze mache ich selber“, verrät Küchenchef Imre Nyari. Im Stüberl und auf der Terrasse mit eigenem Eingang duftet es verlockend. Der Burger aus Galloway-Rindfleisch wird mit Brioche mit karamellisierten Zwiebeln serviert das Beef Tatar mit eingelegtem Sauergemüse, gebackene Forellenfilets zieren einen bunten Teller Salat. Käs- und Fleischnudel schwimmen in Bauernbutter und selbst das Eis kommt von einem Bauernhof. Neben Kärntner Wein und Bier gibt es selbstgemachte Säfte – Holler und Lavendel auch im Winter. *wd*

Essen, trinken, Freunde treffen

Der Hassler ist der Slow Food Treff im oberen Drautal: Als Mitglied der Slow Food Gemeinschaft Berg schaut man hier ganz besonders darauf, möglichst nur regionale Produkte zu verwenden. Kälber werden etwa im Ganzen gekauft und in der Küche verwertet: Neben gefülltem Kalbsrücken stehen dann auch Kalbsstelzen und Beuschel auf der Speisekarte. Veggi-Fans werden beim Hassler genauso fündig wie Fisch- und Fleischliebhaber. Neben Kärntner Erdäpfelkrapfen und Klassikern wie Wiener Schnitzel gibt es auch Saisonales wie Frühjahrsenten im Ganzen mit Blaukraut und Knödel. Nicht zu vergessen die süßen Köstlichkeiten aus der Konditorei: Torten und über 40 Eisbecher locken – alles, auch das Eis, ist natürlich hausgemacht! *wd*

3,5

Restaurant Café & Konditorei HASSLER

Johann Hassler
Berg 131
9771 Berg im Drautal
T +43 4712 208
office@cafe-hassler.at
www.cafe-hassler.at

Öffnungszeiten:
Mo., Di., Fr., Sa., So.
9:00–22:00 Uhr
Mi. und Do. Ruhetag,
außer Sommer
16:00 bzw. 9:00 bis
22:00 Uhr

Küche:
11:30–13:30 und
17:30–20:30 Uhr

2023 Zertifiziert

Slow Food Village

3,5

Werksküche zur Säge

Anna-Maria Thurner
Kötschach 249
9640 Kötschach-Mauthen
T +43 4715 812648
essen@zursaege.at
www.zursaege.at

Öffnungszeiten:
Ganzjährig geöffnet
von 6:30–15:00 Uhr
oder auf Anfrage

Küche:
Von 6:30–10:30 Uhr Frühstück
Von 11:30–13:00 Uhr Mittagsmenü

2023 Zertifiziert

Kantine mit Köpfchen

Wo früher Sägespäne flogen, ziehen heute schon am frühen Morgen verführerische Düfte durch den Raum. Josef Thurner hat die Mauern um seine alte Säge – die hinter Glas zu bewundern ist – zu einer gemütlichen Werkskantine umgebaut, die nicht nur für die Angestellten des Holzunternehmers geöffnet ist. Hier wird täglich aufgekocht, erfreulich bodenständig und höchst schmackhaft. Soweit möglich, kommen die Zutaten dafür aus der Umgebung, Gemüse, Salat, Eier, Brot, aber auch Honig, Schinken, Salami und Speck. Das dreigängige Mittagsmenü gibt's zu echten Kantinenpreisen. Findige Feinschmecker kommen bereits zum Frühstück und freuen sich auf frische Croissants, hausgemacht mit Mehl aus dem Nachbarort hinter der Grenze. *bh*

Biker sind gerne willkommen
Wird ein Gasthaus in der dritten Generation geführt, kennt man sich mit Traditionsküche aus. Hier bekommt man noch eine fein geröstete Leber mit Erdäpfeln, Kalbsnierndln im eigenen Saft, hausgemachte Kärntner Kasnudeln, einen Zwiebelrostbraten vom Beiried oder einen süßen Kaiserschmarrn mit Apfelmus. Auch Biker kehren gerne ein, weil man sie herzlich willkommen heißt und auch zwischendurch mit bodenständigen Schmankerln, wie einem Leberstreichwurstbrot oder einer Brettljause verwöhnt. Nach einer Motorradtour über die Berge können sich die Biker am Kachelofen in der Gaststube wärmen. Alle Zutaten stammen von heimischen Produzenten und werden vom Chef Christoph mit viel Herz zubereitet. *et*

3,5

Hotel Gasthof Strasswirt

Familie Rossmann
Danz 4
9631 Jenig
T +43 4285 253
info@strasswirt.at
www.strasswirt.at

Öffnungszeiten:
9:00–23:00 Uhr
Mo. und Di. Ruhetag

Küche:
Sommer: 17:30–20:30 Uhr
Winter: 17:30–20:00 Uhr

2023 Zertifiziert

3,5

Trefflingerwirt

Kurt Oberlechner
Treffling 40
9871 Seeboden am
Millstätter See
T +43 4762 81128
trefflingerwirt@hotmail.com
www.carinthian-shire-horse.at

Öffnungszeiten:
Vor- und Nachsaison:
Mi. bis So. ganztägig
Juli bis August durchgehend geöffnet

Küche:
Vor- und Nachsaison:
12.00–14.00 Uhr und
17.30-20.00 Uhr
Sommer: 12.00–14.00 und
17.30–21.00 Uhr

2023 Zertifiziert

Slow Food Village

Nachhaltigkeit, die man schmeckt

Regionalität, Nachhaltigkeit und Tierwohl haben beim Trefflingerwirt in Seeboden einen hohen Stellenwert. Und das schmeckt man auch! Vor allem bei den typischen Spezialitäten des Hauses: Angus Steak, Angus Burger und Lammbraten spiegeln die hohe Qualität der Fleischgerichte wider. Auch das Wildfleisch, zu schmackhaften Gerichten veredelt, stammt aus Eigenproduktion oder der Gemeindejagd. Die Liste der regionalen Lieferanten ist lang – egal ob bei Käse, Geflügel, Fisch, Schweinefleisch oder Freilandeiern. Wer „typisch kärntnerisch" genießen möchte, wird mit Ritschert, Kärntner Nudel und Kärntner Kirchtagsuppe seine Freude haben. Nicht nur die Kinder können sich an den hausgemachten Pizzen nicht satt essen. Was man auf jeden Fall probieren sollte, ist der Kärntner Reindling. *uz*

Fangfrisch auf den Teller

Wer frische Fische aus dem Millstätter See in bester Qualität genießen möchte, sollte im Wappenstüberl des Familienhotels Post einkehren. Hier werden nicht nur frische Reinanken zubereitet, sondern von geschichtsträchtigen, ausgewählten Fischern auch selbst gefangen. Wie sagt Hausherr Peter Sichrovsky so treffend: „Den Fisch, den unsere Gäste serviert bekommen, hatten entweder mein Vater oder ich und dann nur mehr unser Koch in den Händen. Sonst niemand." Die Reinanke als reiner Wildfang gilt übrigens als ernährungstechnisches Allround-Genie betreffend Omega 3- und Protein-Lieferant. Serviert wird er in den köstlichsten Varianten: gebeizt, geräuchert, mariniert, als Mousse oder gebraten als Ganzes. Natürlich sind im Wappenstüberl auch regionale und saisonale Köstlichkeiten wie Hirsch, Zwiebelrostbraten oder Kalbswienerschnitzel verfügbar. *uz*

3,5

Wappenstüberl – Familienhotel Post

Familie Sichrowsky
Mirnockstraße 38
9872 Millstatt am See
T +43 4766 2108
info@familienhotelpost.com
www.familienhotelpost.com

Öffnungszeiten:
Ganzjährig, ausgenommen 7. Nov. bis 26. Dez. und März

Küche:
12:00–13:45 Uhr und 18:00–20:00 Uhr

2023 Zertifiziert

Slow Food Village

3,5

Cafe San Daniele

Kaiser-Franz-Josef-Str. 179
9872 Millstatt am See
T +43 664 2021119
cafesandaniele@gmail.com
www.cafe-san-daniele.at

Öffnungszeiten:
8:00–18:00 Uhr
Mi. und Do. Ruhetag

2023 Zertifiziert

Slow Food Village

Italienisches Flair am Millstätter See
Eine Hommage an die Partnerstadt San Daniele ist das Café im Herzen von Millstatt. Küchenchef Rainer Werchner, Koch aus Leidenschaft und einige Jahre Mitglied der Deutschen Nationalmannschaft der Köche, wählt mit Sorgfalt Produkte aus der Alpen-Adria-Region und zaubert kleine kulinarische Köstlichkeiten, wie seine legendären Sandwiches (Tschiernock, Alpen-Adria, San Daniele, Kärntner Låxn) oder Tramezzini gebacken, u. a. mit Reinanken-Soufflé. Beliebt ist die gemütliche Sonnenterrasse auch zum Start in den Tag. Das Frühstück umfasst nicht nur wunderbare Bowls, Bircher Müsli und saisonalen Fruchtsalat, sondern auch unzählige Varianten von Pancakes und Bagels (u. a. mit Avocado, Räucherlachs, San Daniele-Schinken oder Walnuss-Crumble). Was man auf jeden Fall probieren sollte: die köstlichen Eggs Benedict. *uz*

„Regional 40" als kulinarische Ansage
Das kulinarische Konzept lässt sich in wenigen Worten zusammenfassen: „Regional 40 – alle Hauptzutaten stammen aus einem Umkreis von 40 Kilometern." Die Gastgeber haben ein einfaches Credo: „Wir lieben Regionalität und leben sie!" Die Speisen sind zum Großteil hand- und hausgemacht und es werden keinerlei Industriewaren verwendet. Außerdem wird beim Einkauf auf eine ganzheitliche Verarbeitung von Lebensmitteln großer Wert gelegt. Die Gäste dürfen sich über regionale Spezialitäten freuen: über Gerichte vom Nockberge Rind, vom Kärntner Låxn, von Hendln aus den Nockbergen, Erdäpfeln aus dem Drautal, Eis aus der Eis-Sennerei Gmünd, Rohmilchkäse aus Kärnten und Bauernbrot aus Natursauerteig aus Kaning. Drei Gerichte, die besonders beliebt sind: Kärntner Nudeln, gelbe Suppe und die hausgemachten Hauswürstel. *uz*

3,5

Hotel zur Post mit Bar & Restaurant Postskriptum

Paul und Lisa Kern
Hauptstraße 58
9873 Döbriach
T +43 4246 771 30
info@hotelzurpost.co.at
www.hotelzurpost.co.at

Öffnungszeiten:
8:00–23:00 Uhr
Sonntag Ruhetag
Juli, August: Do. Ruhetag

Küche:
14:00–20:30 Uhr

2023 Zertifiziert

3,5

Hotel Brennseehof

Familie Palle
Seestraße 19
9544 Feld am See
T +43 4246 2495
hotel@brennseehof.com
www.brennseehof.com

Öffnungszeiten:
Mitte Dez. bis Mitte Okt.

Küche:
Täglich
7:30–10:00 Uhr
11:30–14:00 Uhr
18:00–20:30 Uhr

2023 Zertifiziert

Kärntner Küche mit Überraschungen
Fleisch und Fisch kommen aus der Region, Gemüse, Salate und Kräuter werden im eigenen Permakultur-Garten angebaut. „Für uns ist der regionale Schwerpunkt in der Küche schon seit Jahren wichtig!", betont Erland Palle vom Brennseehof. Wie die Produkte zubereitet werden, ist eine andere Geschichte. Da mischen italienische, slowenische und dank eines indischen Kochs auch asiatische Einflüsse mit. Wer es lieber klassisch mag: Die „gelbe Suppe" mit Kärntner Reindling steht ebenso auf der Speisekarte wie Kärntner Låxn, Beuschel oder die etwas aus der Mode gekommenen Milzschnitten: „Die haben wir wieder eingeführt." Zu genießen nach Voranmeldung: Mittags gibt es im Brennseehof ein Buffet, abends werden drei Wahlmenüs angeboten. *wd*

Gaumenglück am See

Der Seeblick in die Bucht von Velden und das Flair einer Yacht, dazu die feinen Gerichte von Marcel Vanic die Impressionen aus aller Welt vermitteln. Trotzdem braucht es dafür nicht unbedingt einen Hummer wie Vanic sagt, sondern einen feinen Kärntner Süßwasserfisch zum Beispiel aus der Fischzucht von Andreas Hofer in Feld am See. Gemüse baut Kärnten taufrisch tatsächlich eigens für ihn an und auch sonst verlässt sich der Haubenkoch auf viele Produkte, die rund um den Wörthersee produziert werden. So gibt es einen Caesar Salad im Carinthian Style mit feinem Speck, Bauernbrotchips und Bergkäseflocken oder weiße Polenta mit geschmorten Ferkelbackerln und Wurzelgemüse, Champignons und Egerlinge würzig eingelegt frisch aus der Zucht in Brückl und natürlich Steakvarianten in allen Cuts vom Angusrind, auch dry aged. *gk*

3,5

„Die Yacht" Casino Restaurant Velden

Cuisino Ges.m.b.H
Am Corso 17
9220 Velden am Wörthersee
T +43 664 2064515
velden.gastronomie@casinos.at
www.velden.casinos.at

Öffnungszeiten:
Täglich ab 18:00 Uhr

Küche:
Täglich ab 18:00 Uhr

2023 Zertifiziert

Gault&Millau	3 von 4 Hauben	15 Pkt.
Falstaff	2 von 4 Gabeln	87 Pkt.

3,5

Gasthaus – Gostišče – Trattoria Ogris

Johann Ogris
Ludmannsdorf/Bilčovs 13
9072 Ludmannsdorf/Bilčovs
T +43 4228 2249
office@gasthaus-ogris.at
www.gasthaus-ogris.at

Öffnungszeiten:
Sept. bis Juni Do. bis So.
Mo., Di., Mi. Ruhetag,
ausgenommen feiertags
Juni bis Aug. Mi. bis So.
Mo. & Di. Ruhetag
ausgenommen feiertags

Küche:
Ganztägig warme Küche

2023 Zertifiziert

Falstaff 81 Pkt.

Ehrliche Hausmannskost

Der „Ogris" ist ein originelles Landgasthaus, wo noch die typische Rosentaler Küche gepflegt wird – eine köstliche Mischung aus dem Besten, was die Alpen-Adria-Küche zu bieten hat. Wer auf der Suche nach ehrlicher Hausmannskost ist, traditionell und auf natürliche Weise zubereitet, der wird sie hier finden: Kasnudeln nach Omas Art, gefüllter Kalbshals oder Rosentaler Forellenfilet stehen ebenso auf der Speisekarte wie Pleskavica und Bleder Cremeschnitten. „Wir setzen auf regionale Produkte, die mit viel Liebe produziert und weiterverarbeitet werden", so das Credo von Familie Ogris. Tipp: Folgen Sie dem „kulinarischen Jahres kalender" – von der Schlachtzeit im Jänner bis zur Wildzeit im Dezember. *ih*

Der legendäre Haselnusspudding
Für Generationen von Klagenfurtern waren „Sandwirth" und „Haselnusspudding" eins. Und die Legende lebt: Das exquisite Soufflé nach hundertjährigem Rezept ist immer noch Nummer 1 bei den Desserts! Ansonsten weht ein frischer Wind im Klagenfurter Traditionshaus: Vom Kaiserfrühstück, das wochentags bis 15:00 Uhr serviert wird, über den sonntäglichen Brunch bis zum Mittag- und Abendessen. Alles wird frisch gekocht, auf Regionalität und Saisonalität der Produkte wird strikt geachtet.
Auf Wunsch werden einzelne Gerichte auch vegan zubereitet.
Ein Tipp: Kleine Köstlichkeiten aus der Sandwirth-Küche, auch von den Duroc-Weideschweinen des hoteleigenen Bio-Bauernhofs, können mit nach Hause genommen werden. *wd*

3,5

Der Sandwirth

Pernhartgasse 9
9020 Klagenfurt am Wörthersee
T +43 463 56209
hotel@sandwirth.at
www.sandwirth.at

Öffnungszeiten:
Mo. bis Sa. 7:00–23:30 Uhr
So. 7:00–14:00 Uhr
Feiertag 7:00–11:00 Uhr

Küche:
Mo. bis Sa. 11:00–15:00 Uhr und 18:30–21:00 Uhr
Okt. bis Mai Sonntagsbrunch: 10:30–14:00 Uhr
Änderungen vorbehalten

2023 Zertifiziert

Falstaff 81 Pkt.

3,5

magdas LOKAL

Salvatore Balsamo
Stauderplatz 1
9020 Klagenfurt am Wörthersee
T +43 463 265220
hallo@magdas-lokal.at
www.magdas-lokal.at

Öffnungszeiten:
Mo. 11:00–14:30 Uhr
Di. bis Fr. 11:00–23:00 Uhr

Küche:
Mittagsmenü:
11:30–14:00 Uhr
Küche bis 21:00 Uhr

2023 Zertifiziert

Weltoffen und urban mit regionelen Produkten

Das magdas in Klagenfurt ist eine hippe Mischung aus Retro und modernen Elementen, wo raffinierte Gerichte abseits des Herkömmlichen kredenzt werden. Gekocht wird mit Zutaten aus eigener Erzeugung und von regionalen Produzenten – zum Beispiel vom Benediktinermarkt. Dabei entsteht nicht nur Hausmannskost auf hohem Niveau. Hier werden auch internationale, teils orientalische Gerichte gezaubert, die immer wieder für Überraschungen sorgen. Egal ob beim Mittagsmenü oder beim abendlichen Fünf-Gänge-Menü/Degustationsmenü. Zu den Spezialitäten des Hauses zählen beispielsweise orientalische (selbsthergestellte) Gnocchi, Brot aus eigener Erzeugung, Magdas Salat oder der variantenreiche Mezze Teller. Besonders nett ist, dass fast bei jedem Gericht ein Lächeln mitserviert wird. *uz*

100 Prozent heimisch

Ausnahmslos heimische Produkte: Das ist das Markenzeichen der Zechnerin, die im Glantal bei Liebenfels mit Rindfleisch aus eigener Zucht, mit selbst gemachten Kärntner Nudelspezialitäten und Mehlspeisen sowie selbst gebackenem Brot von sich reden macht. Der Hausherr ist Jäger, was man zur Wildsaison schmeckt. Selch- und Wurstwaren sowie die Fische kommen selbstredend aus der Region, den Salat liefert der eigene Garten. Auch beim Wein vertraut dieser gastfreundliche EssKulturWirt auf Kärntner Gewächse. Oft trifft man hier auf Wanderer – kein Wunder, denn neben vielen Wanderwegen gibt's ganz in der Nähe den erlebnisreichen Wasserweg von Glantschach nach Hart. *hg*

3,5

EssKulturWirt Die Zechnerin

Christa Taumberger
Miedling 3
9556 Liebenfels
T +43 4215 5116
taumberger@glantal.at
www.glantal.at

Öffnungszeiten:
Täglich 10:00–23:00 Uhr
Mo., Di. Ruhetag

Küche:
11:00–14:00 Uhr und
17:00–20:00 Uhr

2023 Zertifiziert

3,5

Hotel-Restaurant Prechtlhof

Leopold Kraßnitzer
Schobitzstraße 1
9330 Althofen
T +43 4262 2614
hotel@prechtlhof.com
www.hotelprechtlhof.com

Öffnungszeiten:
Mi. 16:00–23:00 Uhr
Do. bis Mo. 6:00–23:00 Uhr
Di. Ruhetag

Küche:
Mo., So. 11:30–14:00 Uhr
und 17:30–21:00 Uhr
Mi. 17:30–21:00 Uhr

2023 Zertifiziert

Wildes und Genussreiches

Leopold Krassnitzer ist ein Wirt, dem man ansieht, dass er ordentliche Kost schätzt. Daher kann man sich auf seine Empfehlungen voll und ganz verlassen. Der passionierte Jäger sorgt auch selbst dafür, dass seine Gäste in den Genuss von Gustostückerln vom Metnitztaler Wild kommen. Wilderer Teller, Wildgulasch und Hirschbraten mit typischen Beilagen sind vom Feinsten. Köstliche Steaks, Schweinsmedaillons oder Wiener Schnitzel finden sich genauso auf der Karte, wie Kärntner Nudeln oder Topfenreinkalan nach Großmutters Rezept. Die Kärntner Genussregionen sowie befreundete Metnitztaler Produzenten sind die Hauptlieferanten der Lebensmittel für das bodenständige Wirtshaus. Wer hoch hinaus will, mietet sich das romantische Baumhaus, in dem sich vor allem Pärchen wie im siebenten Himmel wähnen. *et*

Restaurant neben dem Badehaus
Es ist ein Platz an der Sonne, den das Restaurant Seerose am Ufer des Klopeiner Sees seinen Gästen bietet. Kulinarisch hat sich das Restaurant dem sommerlichen Flair angeglichen, wenngleich die Gäste am Logenplatz mit Blick auf den See ganzjährig verwöhnt werden. Leichte, mediterrane, regionale Küche hat eben immer Saison. Das Küchenteam hat das Glück, aus der großen Produktvielfalt der Südkärntner Genusslandschaft zu schöpfen. Da findet man Fische vom Poganitsch aus Grafenstein, Vollkornmehle und Polenta vom Tomic aus Tainach, Gemüse und Salate vom Biohof Komar aus St. Kanzian und würzige Wurstwaren von den Südkärntner Salamibauern. Im Winter genießt man ein warmes Süppchen, Steaks, Getreidegerichte, während im Sommer Salatvariationen und leichte Fischgerichte dominieren. *et*

3,5

Restaurant Seerose

Horst Jernej
Ostuferstraße 22
9122 St. Kanzian
am Klopeiner See
T +43 4239 3311257
office@seerose-klopeinersee.at
www.seerose-klopeinersee.at

Öffnungszeiten:
Mai bis Sept. täglich geöffnet
Okt. bis April 2 Ruhetage

Küche:
11:30–21:00 Uhr

2023 Zertifiziert

Falstaff 82 Pkt.

3,5

Gasthof-Pension Zoller

Edeltraud Stückler
Forst 57
9412 St. Margarethen
im Lavanttal
T +43 4352 61357
zoller@aon.at
www.zoller-urlaube.at

Öffnungszeiten:
1. Mai bis 30. Sept.
ab 8:00 Uhr
Mi. Ruhetag
1. Okt. bis 30. April
ab 8:00 Uhr
Di., Mi. Ruhetag

Küche:
An geöffneten Tagen
von 11:30–14:30 Uhr und
17:30–20:00 Uhr

2023 Zertifiziert

Slow Food Travel

Ehrliche Kärntner Hausmannskost

Eine beliebte Einkehr für Wanderer, Bergsteiger, Radfahrer und alle, die eine herrliche Aussicht genießen möchten, ist der Gasthof Zoller St. Margarethen auf der Saualpe. Bereits seit mehr als 100 Jahren wird der Gasthof als Familienbetrieb geführt und ist bekannt und beliebt für seine gutbürgerliche, typisch österreichische Küche inklusive Kärntner Hausmannskost. Bio wird hier großgeschrieben: Neben der eigenen Herstellung von Molkereiprodukten (Butter, Glundner Käs', Topfenkäse), Holzofenbrot, Most oder Marmelade wird das Fleisch und Wild aus der Region verarbeitet. Gemüse, Salat und Kräuter kommen aus dem hauseigenen Garten. Saisonbedingt dürfen sich die Gäste auch über Spezialitäten von Wild, Spargel und Kürbis freuen. Immer ein Genuss: die Kärntner Jaus'n mit einem „Selbstgebrannten" als Abschluss. *uz*

Kulinarischer Genuss mit Aussicht

Wer wissen möchte, wie Kärnten schmeckt, findet mit dem Panoramarestaurant im Friesacherhof eine wunderbare Adresse. Michael und Aline Friesacher leben die Prinzipien der Slow Food Philosophie, kreieren in liebevoller Handarbeit Gerichte aus regionalen und saisonalen Zutaten. Auf der Beliebtheitsliste der Gäste weit oben stehen nicht nur die traditionellen Kasnudeln und Nudeltascherln mit saisonal abhängiger Fülle, sondern auch Wild, vornehmlich aus Lavanttaler Revieren, heimische Grillspezialitäten sowie Forellen vom Marzi in St. Stefan. Besonders erfreulich, dass auch die perfekten „Speisenbegleiter" aus der näheren Umgebung kommen: hausgemachte Sirups, Lavanttaler Apfelsaft, Preblauer Mineralwasser sowie Wein vom Weinhof David vlg. Ritter in St. Paul und Spumante vom Honigatelier Vallant-Friesacher aus St. Gertraud. *uz*

3,5

Hotel-Restaurant ***Friesacherhof

Michael Adolf Friesacher
Prebl 61
9461 Prebl
T +43 4353 351
info@hotel-friesacherhof.at
www.hotel-friesacherhof.at

Öffnungszeiten:
Aktuelle Öffnungszeiten auf unserer Webseite

Küche:
Aktuelle Küchenöffnungszeiten auf unserer Webseite

2023 Zertifiziert

Slow Food Travel

3,0 Schnecken

Die Jury verleiht 3 Schnecken an Betriebe, die frisch und saisonal kochen – von bodenständiger Landhausküche bis hin zu hausgemachten Köstlichkeiten und feinen Spezialitäten. Die Gastgeber bekennen sich zur Philosophie der Kärntner Slow Food Küche und entwickeln ihr Angebot mit Fokus auf Regionalität und Saisonalität konsequent weiter.

Gut gehütete Küchengeheimnisse
Es sind die Wirtinnen, welche seit vier Generationen für den kulinarischen Genuss im Gasthof Alpenrose sorgen. Derzeit ist es Martina Fercher, die im „Seehäusl" – so nennen die Einheimischen das beliebte Lokal – aufkocht. Ob die Butter auf dem kräftigen Bauernbrot oder die gebratene Forelle zum Abendessen: Fast alle Zutaten kommen aus der umliegenden Landwirtschaft. Dazu gehört das besonders schmackhafte Tauern-Lamm, aber auch viele traditionelle Gerichte wie Ritschert, Linsensuppe oder Apfelstrudel.
Die Küchengeheimnisse werden seit über 100 Jahren gut gehütet, nur beim legendären Apfelstudelrezept ihrer Großmutter macht die Chefin eine Ausnahme! *wd*

3,0

Gasthof Alpenrose

Martina Fercher
Stappitz 12
9822 Mallnitz
T +43 4784389
alpenrose@peak.at

Öffnungszeiten:
Mitte Mai bis Ende Sept.
11:00–18:00 Uhr
Mitte Dez. bis Anfang April
11:00–16:00 Uhr

2023 Zertifiziert

3,0

Gasthof Tell

Familie Michorl
Anna-Plazotta-Platz 14
9711 Paternion
T +43 4245 2931
michorl@gasthof-tell.at
www.gasthof-tell.at

Öffnungszeiten:
So.-Abend und Mo. Ruhetag

Küche:
11:30–14:00 Uhr
18:00–20:00 Uhr

2023 Zertifiziert

Genuss mit Tradition und Esprit

700 Jahre hat der Gasthof Tell schon auf dem Buckel. In den Gasträumen ist die Tradition spürbar, dennoch wirkt nichts verstaubt und altbacken. Alles blitzeblank. Spätestens wenn die herrlichen Gerichte auf den Tisch kommen, ist klar – hier wird mit Bedacht auf Regionalität und Frische gekocht, und es ist immer etwas dabei, was neu interpretiert wird und überrascht, z. B. die süßen Palatschinken mit Chilli. Hin und wieder gibt es auch Pferdefleisch, verrät Kellnerin Michi. Köchin Alma veredelt und verkocht Fleischspezialitäten aus eigener Landwirtschaft, aus der Gemeinde und der Eigenjagd. Auch die Gänse kommen direkt aus der Ortschaft, die Fische aus Paternion und Feld am See. Im Sommer kehren auch gerne hungrige Radfahrer vom Drauradweg bzw. Alpen-Adria-Radweg ein, um sich für die Weiterfahrt zu stärken oder auch um hier zu übernachten. *uz*

Regionale Spezialitäten und Innereien
Romantiker werden vom zauberhaften Garten und den urigen Stuben im „GenussRestaurant Staner" begeistert sein – noch dazu, weil Walter Buschta gutbürgerliche Gerichte auftischt, die nicht mehr so leicht zu haben sind. Als Geheimtipp für Fans von Innereien gilt das Lokal schon länger. Schmankerln wie Leber oder Hirn gibt es auf Vorbestellung, Wirtshausklassiker wie Beuschel und Gulasch stehen immer auf der Speisekarte. Internationale Gerichte bekommen mit regionalen Zutaten einen besonderen Pfiff. Frischer Zander wird im Ganzen gebraten und in der klaren Fischsuppe finden sich heimische Fische als Einlage. Ein Tipp für Naschkatzen: Somloer Nockerln nach dem Rezept des legendären ungarischen Kochs Karol Gundel. *wd*

3,0

GenussRestaurant Staner im Landhaus Gritschacher

Walter Buschta
Sankt Peter in Holz 7
9811 Lendorf
T +43 4762 2124
T +43 664 75016292
genussrestaurantstaner
@gmail.com
www.landhaus-
gritschacher.com/
genussrestaurant-staner

Öffnungszeiten:
Tischreservierung erforderlich!
Winterpause Mitte Nov. bis Mitte Mai

Küche:
18:00–20:00 Uhr

2023 Zertifiziert

3,0

Pirker's Natur- & Bio-Familienhotel

Markus Pirker
Brandstatt 30
9854 Malta
T +43 4733 362
info@pirkers.bio
www.pirkers.bio

Öffnungszeiten:
13. Mai bis 30. Sept.
25. Dez. bis 28. Feb.
Mi. bis So.

Küche:
12:00–14:00 Uhr und
17:00–20:00 Uhr

2023 Zertifiziert

In bester Bio-Qualität

Das Restaurant des Natur- und Bio-Hotel Pirker's steht auch für À-la-Carte-Gäste offen. Und es lohnt sich, den Abstecher zu wagen. In ruhiger Atmosphäre, mit Blick auf die vorbeiplätschernde Malta und imposante Berghänge speist man hier in vorzüglicher Bio-Qualität. Vom Fleisch über das Gebäck bis zu den Gewürzen und Getränken wird im Pirker's auf Bio-Produkte mit Herkunftsgarantie gesetzt, die der Küchenchef zu schmackhaften Gerichten verwandelt. Darunter auch manch rare Kostbarkeit. Wo sonst findet sich geröstete Leber in Majoran-Sauce mit Butterspätzle auf der Karte? Die Regenbogenforelle kommt aus dem eigenen Fischteich, der herrlich feine Apfel-Zimt-Kuchen wird noch ofenwarm serviert. *jw*

Gaumenfreuden im See-Juwel

Bei der Küche der See-Villa kommen alle ins Schwärmen. Ganz besonders die Liebhaber von Wildgerichten. Die gebratene Fasanbrust ist ein Klassiker des Hauses, die Wildgerichte durchwegs mit Fleisch aus heimischen Wäldern, in der Regel aus der Eigenjagd der Gastgeberfamilie Tacoli. Spätestens wenn man auf der Seeterrasse eine fangfrische Regenbogen- oder Seeforelle – fein gewürzt mit Kräutern aus dem eigenen Garten – genießt, weiß man, wie Chefkoch Christian Unterzaucher Kochkunst definiert: als Mix aus international-moderner und traditionell-regionaler Küche. Das Ambiente der Jahrhundertwende-Villa ist der perfekte Rahmen für so außergewöhnlich-edle Genüsse. Ein Ort zum Immer-Wiederkommen. *jw*

3,0

Restaurant „1884" ****See-Villa

Familie Graf Tacoli
Seestraße 68
9872 Millstatt am See
T +43 4766 2102
restaurant@see-villa.at
www.see-villa.at

Öffnungszeiten:
Öffnungszeiten laut Webseite

Küche:
HS: Mo. bis So. 12:00–13:30 Uhr und 18:00–21:30 Uhr
NS: Mi. bis Fr. 18:00–21:00 Uhr
Sa. und So. 12:00–13:30 Uhr und 18:00–21:00 Uhr

2023 Zertifiziert

Falstaff 88 Pkt.

3,0

Charly's Mein Restaurant & See-Lounge

a.m Tourismus GmbH
Seestraße 18 und
Glanzerstraße 116
9873 Döbriach am
Millstätter See
T +43 4246 29323
info@meinrestaurant.at
www.meinrestaurant.at

Öffnungszeiten:
Mein Restaurant:
Mo. bis Fr. ab 15:00 Uhr
Sa., So., feiertags ab 10:00 Uhr
See-Lounge:
täglich ab 9:00 Uhr
Mi. Ruhetag

Küche:
Durchgehend bis 21:00 Uhr

2023 Zertifiziert

Regionaler Genuss mit Ausblick

Bei Charly's Mein Restaurant stehen der kulinarische Genuss und das Ambiente im Vordergrund. Bei der Kulinarik wird auf Produkte regionaler Produzenten und Lieferanten vertraut – egal ob Gemüse, Fisch, Fleisch oder Wild. Die Zutaten werden sorgfältig verarbeitet und kommen in einer umfassenden Auswahl an Gerichten für jeden Geschmack auf die Speisekarte: Echt kärntnerisch sind beispielsweise die Nudelvariationen, liebevoll mit Hand gekrendelt, das Kärntner Fischfilet mit Gemüsekartoffelallerlei oder Grant'n Schleck, der zu Charly's Reindl serviert wird. Vegetarischen Genuss versprechen Kaspressknödel oder Quinoa-Nudel. Die Kinderkarte orientiert sich mit Mirnockriese, Karfunkelstein, Lindwurm und Bergmannsbrot an der regionalen Sagenwelt. *uz*

Gebirgswasserfrischer Natursaibling
Gebirgswasserfrischer Saibling aus der höchstgelegenen Aquakultur Kärntens auf 1.300 Meter Seehöhe, da schlägt das Herz jedes Fischliebhabers höher. Die Küche enttäuscht diese Erwartung nicht. Der Klassiker der Fischgerichte – im Ganzen gebraten, mit Petersilienkartoffeln – schmeckt so, als sei er hier erfunden worden. Wohl, weil die Natursaiblinge hier bis zu 40 Monate Zeit bekommen, sich geschmacklich zu entfalten. Für alle, die den Gräten gern aus dem Weg gehen, gibt's auch die Filetvariante auf molligem Gemüserisotto. Und wenn Wirt und Teichmeister Sigi mit seinem typischen Schmäh noch die hausgemachten Nachspeisen anpreist, sollte man sich getrost überreden lassen. Lohnt sich immer! *jw*

3,0

Gasthof zum Fisch-Sigi

Siegfried Gruber
Winkl 64/Nockalmstraße
9565 Reichenau
T +43 664 3965548
T +43 4275 23138
info@natursaibling.at
info@gasthof-zum-fisch-sigi.at
www.natursaibling.at
www.gasthof-zum-fisch-sigi.at

Öffnungszeiten:
Mai bis Okt. 10:00–17:00 Uhr
Mittwoch bis Sonntag

Küche:
Mi. bis So. 11:00–17:00 Uhr

2023 Zertifiziert

3,0

Das Badehaus Restaurant

Werzerpromenade 8
9210 Pörtschach
am Wörthersee
T +43 4272 2231 138
badehaus@werzers.at
www.badehaus.werzers.at

Öffnungszeiten:
Die aktuellen Öffnungszeiten entnehmen Sie bitte der Webseite

Küche:
Sämtl. Informationen unter www.badehaus.werzers.at

2023 Zertifiziert

Gault&Millau 12 Pkt.
Falstaff 86 Pkt.

Der schönste Platz am See

Das historische Badehaus aus dem 19. Jahrhundert ist ein richtiges Schmuckstück der Wörtherseearchitektur und bezaubert jeden durch sein besonderes Flair. Heute kann man hier nicht nur baden, sondern auch im sommerlich-frischen Ambiente des Seerestaurants wunderbare kulinarische Momente erleben und dabei von der Terrasse direkt am Wasser den Blick über den Wörthersee bis zu den Karawanken schweifen lassen. Das Küchenteam verwöhnt die Gäste mit modernen, raffinierten Speisen, welches die Vielfalt der regionalen und saisonalen Zutaten auf die Teller bringt. Lassen Sie sich überraschen! Tipp: Verbinden Sie einen entspannenden Wellnesstag im Werzer's Badehaus mit einem traumhaften Essen in einzigartiger Atmosphäre! *ih*

Regionale Klassiker

Wiener Schnitzel, Kasnudeln, Beiriedschnitte und Kalbsrahmgulasch, das klingt ganz nach guter österreichischer Hausmannskost – und genau darauf ist beim Vinzenz, dem Restaurant im gleichnamigen Hotelbetrieb an der Wörthersee-Süduferstraße Verlass. Hausgemachte vegane Falafel von der Juniorchefin Christina ergänzen die Speisekarte. Wichtig ist ihr die Zusammen arbeit mit kleinen innovativen Produzenten, so bezieht sie Sprossengrün und Popcornmais sehr regional und baut in den Hochbeeten auf dem Hotelareal sämtliche Kräuter selbst an. Auf der Getränkekarte finden sich Fruchtsäfte, Schnäpse, Likör und Gin der Familie Pratnekar aus Bleiburg und Whisky-Variationen vom Bauern Franz aus St. Egyden. Als klassischer Familienbetrieb ist die Familie Kleber darauf spezialisiert, sich um vieles selbst zu kümmern, und das spürt man auch. *gk*

3,0

DAS VINZENZ

Familie Kleber
Auen-Süduferstraße 154
9220 Velden-Auen
T +43 4274 2889
info@vinzenz.at
www.vinzenz.at

Öffnungszeiten:
Anfang Mai bis Ende Sept.
täglich 7:30–21:30 Uhr

Küche:
Frühstück 7:30–10:30 Uhr
Abendessen 18:30–21:00 Uhr

2023 Zertifiziert

3,0

Dienstl Gut

Reitsportzentrum Dienstl Gut
Hotel- und Veranstaltungs-GmbH
Wiendorf 1
9314 Launsdorf
T +43 4213 2140
office@dienstlgut.com
www.dienstlgut.com

Öffnungszeiten:
lt. Homepage

Küche:
lt. Homepage

2023 Zertifiziert

Genussvolle Gutshofküche
Der 400 Jahre alte Gutshof mitten im Grünen mit Blick auf die Burg Hochosterwitz ist der Inbegriff von gemütlicher Landidylle. Das Flair in den heimeligen Stüberln und auf der sonnigen Terrasse könnte nicht schöner sein. Das Essen ist ehrlich und gut. Auf den Tisch kommen moderne und traditionelle Speisen, wobei die Küche auf frische Akzente und vor allem regionale Zutaten setzt. Der Spargel kommt aus dem Lavanttal, der Fisch aus Feld am See, Fleisch und Pilze aus der Region, das eingelegte Gemüse wird selbst gemacht und die Kräuter im eigenen Garten gepflückt. Kärntner Kasnudel, Schweinsschnitzel nach Wiener Art oder Reindling-Eis zählen zu den Klassikern der Gutsküche. Ein Highlight sind die Fondue-Abende in der kalten Jahreszeit! *ih*

Wirt als Genussengel
Rudi & Rudi verwöhnen die Gäste im Seegasthof Katschnig, ein Familienbetrieb inmitten des Campingplatzes Klopeiner See Süd. Wobei Koch Rudi junior kürzlich mit dem Genussengel ausgezeichnet worden ist. Die Genusswirte schwören auf strikte Regionalität und Saisonalität der Produkte. Im Sommer teilt man sich die raren Plätze auf der Terrasse mit den Camping-Gästen, die sich Kärntner Schmankerln schmecken lassen. Das Rudi-Duo versteht sich besonders auf die Zubereitung von Fischen, die auch aus dem Klopeiner See gefischt werden. Schön kross gebraten der Karpfen mit Letscho-Gemüse und auch die Panier des Wiener Schnitzerls knuspert ordentlich. Zufrieden macht das gut gewürzte Beef Tatar. Ein engelsgleicher Genuss sind die zarten Palatschinken. *et*

3,0

Seegasthof Katschnig

Familie Katschnig
Südpromenade 57
9122 St. Kanzian am Klopeiner See
T +43 664 1011737
office@feriensued.com
seegasthof-klopeinersee.info

Öffnungszeiten:
Di. bis So. 10:00–23:00 Uhr

Küche:
11:30–14:00 Uhr und
18:00–21:00 Uhr

2023 Zertifiziert

Almhütten und Buschenschenken

Der Berg ruft – auf zu kulinarischen Gipfeln! Wandern. Radfahren. Skifahren. Oder sich einfach nur mit Familie und Freunden an schönen Platzerln in der Natur erfreuen. Ein Ausflug zu Almhütten und Buschenschenken lässt sich gut mit sportlichen Aktivitäten verbinden, bei denen das Feinschmeckerherz sicher nicht zu kurz kommt. Auf den Sonnenterrassen, Holztischen im Garten und in den urigen Stuben wird Hausgemachtes und Gutes aus der Nachbarschaft serviert.

5,0

Huaba Hittn

Familie Pilgram
Sauerwald 47
9543 Arriach-Gerlitzen
T +43 664 4405853
huabahittn@gmail.com

Öffnungszeiten:
Während der Wintersaison
9:30–17:00 Uhr

2023 Zertifiziert

Slow Food Village

Slow Food auf der Skihütte

Was für eine urige Hütte! Viele Skifahrer geben zu, dass sie vor allem die Huaba Hittn auf die Gerlitzen-Pisten lockt. Zu Recht, denn das Team um Bettina Pilgram beweist, dass Slow Food auch in hektischen Stoßzeiten, wenn die Sportler hungrig vom Skifahren einkehren, möglich ist. Bettina und ihre fleißigen Helferinnen tragen den duftenden Schweinsbraten, die Schlachtplatten mit Kraut und Knödeln, die weit über die Pisten der Gerlitzen bekannten Germknödel, den Kaiserschmarrn aus Dinkelmehl selbst auf. Es ist die großzügig vermessene Bauernbutter, die den Gerichten den feinen Geschmack verleiht. Im Sommer, wenn die Lifte stillstehen, herrscht auf dem Hof der Familie Pilgram in Arriach maximale Bewegung. Denn dann werden Würste, Speck, Geselchtes, Butter, Topfen und vieles mehr erzeugt und der Schnaps mit viel Hingabe gebrannt. *et*

Ehrliche Hüttenkuchl aus der Bio-Landwirtschaft

Ist die Alexanderhütte der Familie Glabischnig auf 1.780 Meter Seehöhe erreicht, wartet nicht nur ein sagenhafter Ausblick auf den Millstätter See und die Bergwelt, hier fühlt man sich auch dem Himmel nahe. Und zwar vor allem ob des himmlischen Genusses beim Verzehren der hier zubereiteten Speisen ganz im Zeichen der Slow Food Philosophie. In der Küche werden zum großen Teil Produkte aus der eigenen Bio-Landwirtschaft veredelt, bei den einkehrenden Gästen hoch im Kurs stehen die handgekrendelten Nudeln, Original Kärntner Frigga, Hüttensalate, Brettljaus'n mit Bio-Hausbrot und vollmundigem Käse aus eigener Erzeugung, Kaiserschmarrn und Veggie-Schmankerln. Tipp: Das reichhaltige Slow Food Almfrühstück ist die wohl beste Voraussetzung für eine anschließende Wanderung zum Granattor. *uz*

5,0

AlexanderAlm

Familie Glabischnig
Öttern 2
9872 Millstatt am See
T +43 664 6454920
info@alexanderalm.at
www.alexanderalm.at

Öffnungszeiten:
Mai bis Ende Oktober
Ruhetage siehe Webseite

Küche:
11:00–18:00 Uhr

2023 Zertifiziert

Slow Food Village

4,5

Buschenschenke Hupfa

Familie Niedermüller
Schlussnig 1
9771 Berg im Drautal
T +43 660 5077706
weingarten-hupfa@hotmail.com
www.buschenschenke-hupfa.at

Öffnungszeiten:
Ostern bis Allerheiligen:
Fr. bis Sa.
16:00–22:00 Uhr
So. 15:00–22:00 Uhr
Betriebsurlaub:
2. + 3. Juliwoche

2023 Zertifiziert
Slow Food Village

Weingarten am Berg in Berg
Ziemlich steil ist der Weingarten am Berg über Berg im Drautal, dafür ist die Aussicht so einmalig wie die Weine, die nur in der Buschenschenke Hupfa der Familie Niedermüller zu verkosten sind. Speck, Wurst, Bratl, Bratlfett, Verhackerts und Eier für die Kärntner Brettljause kommen vom eigenen Bauernhof. *wd*

4,5

Buschenschenke Egger

Familie Karl Egger
St. Peter 11
9800 Spittal an der Drau
T +43 4762 2290
buschenschank.egger@aon.at
www.buschenschank-egger.at

Öffnungszeiten:
4. April bis 25. Juni
11. Juli bis 2. Okt.
Im Advent Do. bis So.

Küche:
April bis Okt. täglich
11:00–21:00 Uhr
Im Advent 16:00–21:00 Uhr

2023 Zertifiziert

Das erste Kärntner Jausendorf
Ein sonniger Gastgarten, rundum gemütliche Keuschen, ein großer Spielplatz für die Kinder – fertig ist das „Jausendorf" der Großfamilie Egger direkt am Drauradweg. Von Saftstelze und Ripperln bis zu Brettljause werden nur eigene Produkte serviert und zum Nachtisch gibt es einen echten Kärntner Reindling. *wd*

4,5

Buschenschenke Höfler

Familie Unterlerchner
Waldweg 6
9872 Millstatt am See
T +43 4766 3009
www.buschenschenke-höfler.at

Öffnungszeiten:
Siehe Internet

Küche:
14:00–20:00 Uhr

2023 Zertifiziert · Slow Food Village

Üppige Brettljause mit Aussicht
Unter den Apfelbäumen mit Blick auf den Millstätter See zu sitzen und den Most zu genießen – das hat schon was! Hausherr Gustl serviert dazu knusprigen Schweinsbraten, Speck, Verhackerts, Salami, Graukäse und selbst gebackenes Brot – alles aus der eigenen Landwirtschaft. Einen „Lindenradler" gibt es auch und nicht nur Kinder lieben die Erdbeermilch. *wd*

4,5

Lammersdorfer Hütte & Sennerei

Familie Klammer
Lammersdorf 28
9872 Millstatt am See
T +43 664 1608123
info@lammersdorferhuette.at
www.lammersdorferhuette.at

Öffnungszeiten:
Mai bis Oktober tägliche Öffnungszeiten – siehe Homepage

2023 Zertifiziert · Slow Food Village

Magische Momente
Magische Naturmomente und herzhafte Schmankerln sind auf der malerischen Almhütte auf 1650 Metern garantiert. Frische Höhenluft, ein atemberaubendes Bergpanorama und der Millstätter See zu Füßen – dazu die feinen Milch- und Käseprodukte, die Almwirtin Elke Klammer aus der hauseigenen Milch selbst herstellt. *et*

4,5

Buschenschank Hübelbauer

Familie Walder
Untertscherner Weg 26
9546 Bad Kleinkirchheim
T +43 4240 337
M +43 664 5328657
huebelbauer@aon.at

Öffnungszeiten:
27. Mai bis 28. Juni
15. Juli bis 30. Aug.
9. Sept. bis 1. Okt.
Sa. bis Mi. ab 13:00 Uhr

2023 Zertifiziert

Slow Food Village

Reindling mit feiner Mohnbutter
Nirgends ist der Reindling so mollig, wie bei der Hübl-Bäurin. Mit viel Zimt und Zucker und als Draufgabe mit Mohnbutter verfeinert. Ja sicher, sehr kalorienreich, aber so fein. Auch die selbst gemachten Leckereien wie Speck, Würstln, Schinken und Käsespezialitäten machen was her. Mit serviert wird eine wunderbare Aussicht und eine wunderschöne Hütte. *et*

4,5

eve alps

Julia Pekarek und
Matthias Sibitz
Kleinkirchheim 5
9546 Bad Kleinkirchheim
T +43 664 792 13 24
info@evealps.at
www.evealps.at

Öffnungszeiten:
9:00–17:00 Uhr im Winter bei Liftbetrieb.

2023 Zertifiziert

Stylische Kulinarik fast auf dem Gipfel
Auch Almhütten können stylish sein. Das zeigt die Hütte Eve Alps, fast auf dem Gipfel des Priedröfs. Zu Fuß, mit Touren- oder Alpinskiern erreichbar. Eve Alps hat auch kulinarisch viel zu bieten: Kasnudeln vom Bauern, Burger vom Fleisch der Nockalmbauern, selbst gemachte Säfte, feine Suppen und Lounge-Feeling mit angenehmer Musik. *et*

4,5

Klamerhütte

Familie Klaus Kohlweiß
Feldpannalm 7
9544 Feld am See
T +43 676 9256410
kas@kohlweiss.at

Öffnungszeiten:
Auf Anfrage

2023 Zertifiziert

Wo sich Tradition & Genuss verbinden
Die Klamerhütte auf der Feldpannalm – idyllisch auf 1.500 Meter Seehöhe gelegen – ist einen Besuch wert. Zu ausgewählten Terminen serviert Klaus Kohlweiß eine deftige Frigga, die über dem Lagerfeuer zubereitet wird. Köstlich schmeckt die Kärntner Jause samt Käse aus der hauseigenen Käserei und der warme Reindling mit Mohn gefüllter Butter. *uz*

4,5

Schwarzseehütte

Christine und
Wolfgang Pirker
Verditz 133
9542 Afritz am See
T +43 650 2330042
positzer@gmx.at
www.schwarzseehuette.at

Öffnungszeiten:
Ab Mitte Mai täglich bis Anfang November

Küche:
Von 10:00–17:00 Uhr

2023 Zertifiziert

Ab Hof auf den Teller
Eineinhalb Stunden zu Fuß sind's vom Lärchenboden am Verditz zur Schwarzseehütte. Dann passt der Hunger genau für die hausgemachten Köstlichkeiten, die Familie Pirker hier vor herrlicher Nockberg-Kulisse auf die Teller zaubert. Wunderbare Fleischnudeln mit Grammeln, fein-flaumiger Kaiserschmarrn! *jw*

4,5

Neugarten Almseehütte GmbH

Johann Jakob Maier
Gipfelstraße/Gerlitzen
9543 Arriach-Gerlitzen
T +43 664 2309393
neugarten@almseehuette.at
www.almseehütte.at

Öffnungszeiten:
Anfang Juni bis 26. Okt.
Anfang Dez. bis April
10:00–17:00 Uhr

Küche:
10:00–16:00 Uhr

2023 Zertifiziert
Slow Food Village

Ehrliche Qualität auf den Tisch gebracht

Bei Hans Maier und seiner Barbara wird bodenständig, saisonal und traditionell, mit Zutaten vom eigenen Bauernhof, gekocht. Großartig schmecken Almochsensteak, gekrendelte Kärntner Nudeln, Kaiserschmarrn, Ripperln, Selchwürste, Brettljause mit Gegendtaler Speck und Glundner Käs' sowie das hausgemachte Brot aus Natursauerteig mit Getreide aus Kärnten. *uz*

4,5

Hofladen Berger

mit Buschenschank

Buchholzer Straße 4+6
9541 Einöde/Treffen
T +43 664 73441167
hofladen-berger@aon.at
www.elli-riehl-puppenwelt.at

Öffnungszeiten:
Do. und Fr. ab 14:00 Uhr
Reservierung empfohlen

2023 Zertifiziert

So schmeckt das Leben

Lebensecht. So werden Elli Riehl-Puppen oft beschrieben. Die Buschenschank neben dem Puppenmuseum ist mindestens ebenso lebensecht. Hier kommen nur Produkte aus eigener Landwirtschaft auf den gemütlichen Holztisch im Garten. Fein durchzogener Speck, herrlich zarter Glundner, herzliche Bewirtung. Wir kommen wieder! *jw*

4,5

Forellenhof Jorde

Markus Jordan
Knopperweg 6
9073 Klagenfurt-Viktring
T +43 463 281754
hofladen@derjorde.com
www.derjorde.com

Öffnungszeiten:
Do., Fr., Sa., So.
10:00–17:00 Uhr.

Küche:
Saisonale Anpassung;
Info unter www.derjorde.com und Facebook: Forellenhof Jorde

2023 Zertifiziert

„Gefischt, gegrillt, gegessen"

Der Forellenhof Jorde steht für Regionalität, Lifestyle und Genuss. Die Fische leben hier wie in freier Natur. Entweder man genießt vor Ort unter dem Motto „Gefischt, gegrillt, gegessen" oder man wählt für zu Hause: Frischfische, sauer eingelegt, frisch geräuchert oder als Aufstrich.
Das Sortiment komplett machen Biobrot, Kärntner Weine und hochwertige Öle. *wd*

4,5

Buschenschenke Irregger

Armela und Thomas Liegl
Oberwietingberg 8
9374 Wieting
T +43 4264 2969
info@buschenschenke-irregger.at
www.buschenschenke-irregger.at

Öffnungszeiten:
Die Öffnungszeiten sind stets aktuell auf unserer Webseite sowie auf Facebook zu finden

2023 Zertifiziert

„A Misthaufen" mit Sonnenuntergang

Zum „Bauernhugo" aus Most, Mineralwasser, Holundersaft, Zitrone und Minze wird beim „Irregger" jetzt „A Misthaufen" – das Beste des Hauses – serviert!
Beides schmeckt besonders im Gastgarten, wenn hinter der Wallfahrtskirche Maria Hilf romantisch die Sonne untergeht. Für den kleineren Hunger gibt es belegte Brote. *wd*

4,5

Buschenschank Kölblhof

Familie Spiess
Maltschach 1
9560 Feldkirchen
T +43 664 73666036
info@buschenschank-koelbl.at
www.buschenschank-koelbl.at

Öffnungszeiten:
Ab-Hof-Verkauf:
Fr. ab 13:00 Uhr
Markt:
Sa. in Feldkirchen

Küche:
Buschenschank: Juni bis Aug., siehe Homepage

2023 Zertifiziert

Feinste Brettljause

Auf die traditionelle Kärntner Brettljause freuen sich die Gäste vom Kölblhof besonders. Wunderschön aufgefächert findet sich vom Schweinsbraten bis zum Ossocollo alles, was in der eigenen Landwirtschaft mit viel Engagement produziert wird. Auch das Brot, die Säfte, der Most und Schnäpse werden auf dem Hof erzeugt. *et*

4,0

Hofschenke Mühlenstüberl

Familie Windbichler
Obergail 31
9653 Liesing
T +43 4716 20053
info@muehlenstueberl.at
www.muehlenstueberl.com

Öffnungszeiten:
Mai bis Oktober
Montag Ruhetag,
auch im Sommer!

Küche:
12:00–20:00 Uhr

2023 Zertifiziert

Perfekter Ort für die Morende

Original Lesachtaler Stockplattln mit Mohn-Kletzenfülle und Honigrahmsoße – das gibt es nur im Mühlenstüberl. Wie schon der Name sagt, klappert dort eine Wassermühle, gibt es einen Kräutergarten und einen großen Spielplatz. Der perfekte Ort für eine Morende, die traditionelle Lesachtaler Jause, mit hausgemachten Köstlichkeiten. *et*

4,0

Sommereggerhütte KG

Fam. Erlacher & Holzfeind
Am Tschiernock 30
9871 Seeboden am Millstätter See
T +43 664 75 02 1638
T +43 664 20 65 524
info@sommereggeralm.at
www.sommereggeralm.at

Öffnungszeiten:
Mai bis Oktober
(je nach Witterung)
Mi. Ruhetag

2023 Zertifiziert
Slow Food Village

Ehrliches aus eigener Landwirtschaft

Gekocht wird nach Omas Rezepten und mit Zutaten aus dem Garten, der Landwirtschaft und der Eigenjagd. Für Liebhaber von Kärntner Brettljausen ist das ein Muss, auch Schweinsbraten und Wildspezialitäten haben eine große Anhängerschaft. Tipp: Platz für die Nachspeis' lassen: Kaiserschmarrn, Heidelbeerpalatschinken oder Apfelstrudel. *wd*

4,0

Falkerthaus

Familie Gritzner
Falkertweg 33
9546 Bad Kleinkirchheim – St. Oswald
T +43 676 5724090
info@falkerthaus.at
www.falkerthaus.at

Öffnungszeiten:
Ganzjährig geöffnet

2023 Zertifiziert

Forellen unter den Lärchen

Schon der Weg zum Falkerthaus ist ein Erlebnis. Die Farbenpracht der Lärchen, der knirschende Schnee und im Sommer die Kühle des Waldes. Im Gasthaus wird man reich belohnt. Wohlschmeckende Forellen aus dem eigenen Teich, selbst gemachte Fleisch- und Kasnudeln, eine reich belegte Brettljause und duftender Kaiserschmarrn schmecken großartig! *et*

4,0

Herzlhütte Hochrindl

Gabi und Helmut Martin
Zirbenweg 6
9571 Hochrindl
T +43 664 1965660
info@herzl-huette.at
www.herzl-huette.at

Öffnungszeiten:
Im Sommer Mo., Di. Ruhetag
Mi. bis So. 9:00–20:00 Uhr
Geschlossen Mitte Okt. bis Ende Nov.
Im Winter Di. Ruhetag
Mi. bis Mo. 10:00–19:00 Uhr
Geschlossen Mitte März bis Ende April

2023 Zertifiziert
Slow Food Village

Herzhaft & mit Herz

Viel Herz für die Gäste und herzhafte Küche: Das ist das Motto der Herzlhütte auf der Hochrindl, im Sommer am Zirbenzapfi Erlebnisweg, im Winter an der Skipiste gelegen. Es gibt: herzhafte Jausen, köstliche Knödel, gekrendelte Kasnudeln, saftige Braten, tolle Mehlspeisen (Marillenknödel! Buchteln!). Natürlich alles hausgemacht. *hg*

4,0

Almgasthof Hiasl Zirbenhütte

Familie Siegrun
Struckl-Leitgeb
Zirbenweg 10
9571 Sirnitz/Hochrindl
T +43 664 4032556
info@zirbenhuette.com
www.zirbenhuette.com

Öffnungszeiten:
8. Dez. bis 15. März
12. Mai bis 2. November

Küche:
ganztags

2023 Zertifiziert
Slow Food Village

Gastlichkeit mit Zirbenduft

Im Herzen der Nockberge auf 1.670 Metern Höhe, dort wo die Zirben wachsen, erleben Genießer unverfälschte Gastlichkeit. Während man sich hausgemachte Bauernspezialitäten schmecken lässt und den Zirbenschnaps kostet, bewundert man das beeindruckende Bergpanorama rundum. Die Zufahrt ist auch im Winter möglich. Die Hütte im Schnee ist besonders idyllisch. *et*

4,0

Die Labsalerie

Elena Allesch &
Thomas Raffelsberger
Kreggaber Weg 7
9210 Pörtschach am
Wörthersee
T +43 650 6466985
servus@dielabsalerie.at
www.dielabsalerie.at

Öffnungszeiten:
Mai bis Sept. Do., Fr., Sa.
Mai, Juni, Sept.
16:00–21:00 Uhr
Juli bis August
17:00–22:00 Uhr

2023 Zertifiziert

Mit Herz und frischen Ideen

Im alten „Lindenhof" oberhalb des Wörthersees schufen Elena und Thomas einen Wohlfühlort, wo die Gäste mit frischen Kreationen aus ehrlichen Lebensmitteln verwöhnt werden. Neben der typischen Kärntner Jause mit selbst veredeltem Speck gibt es auch Innovatives: die vegane Jause mit selbst gemachten Köstlichkeiten wie geräuchertem Saitan-Speck. *ih*

4,0

Buschenschenke Wassacher

Familie Goritschnig
Bärndorfer Straße 3
9062 Moosburg
T +43 664 2206655
wassacher@aon.at
www.facebook.com/
Buschenschenke-Wassacher

Öffnungszeiten:
Juni, Juli und August von
Do. bis So. ab 17:00 Uhr
und auf Anfrage

Küche:
17:00–21:30 Uhr

2023 Zertifiziert

Genuss im Grünen

Am besten schmeckt's, wenn's mit Liebe selbst gemacht wird. Das ist beim „Wassacher" der Fall: Die eigenen Tiere wachsen auf dem Hof auf, werden hier geschlachtet und ihr Fleisch nach Familienrezepten zu den köstlichen Spezialitäten veredelt, die man auf der herzhaften Brettljause findet. Zum süßen Abschluss wird Omas Reindling serviert. *ih*

4,0

Brunnerhof

Familie Iris Stromberger
Pirkfeld 1
9300 St. Veit an der Glan
T +43 664 4300556
iris@brunnerhof.cc
www.brunnerhof.cc

Öffnungszeiten:
April bis Dez. Do. bis So.
oder auf Anfrage

Küche:
Gansln und Enten nur auf Bestellung

2023 Zertifiziert
Slow Food Travel

Gans bio und mehr

Was wäre Martini ohne ein knuspriges Bio-Weidegansl? Liebevoll und artgerecht aufgezogen, sind diese ab Hof und im ausgewählten Handel erhältlich. Am besten lässt man sich gleich im idyllischen Brunnerhof mit Ganslköstlichkeiten verwöhnen. Oder mit Backhendl und Jause außerhalb der Ganslzeit. Für Feiern gibt es eine gemütliche Tenne mit Platz für bis zu 150 Personen. *ih*

4,0

Hofladen Buschenschenke Tomale

Familie Goltschnigg
Gölsach 1
9321 Kappel am Krappfeld
T +43 664 73297957
tomale@aon.at

Öffnungszeiten:
Juli und August auf Anfrage

2023 Zertifiziert

Ländliche Idylle unter Obstbäumen

Gemütlich ist es beim „Tomale", ob man im schönen Garten im Schatten der Bäume oder in der Stube sitzt. Aufgetischt werden große Platten mit Schinken, Salami, Schweinsbraten und frisch abgemachten Topfenspezialitäten.
Die Bio-Eier dazu kommen vom eigenen Hof. Ein großer Spielplatz und viele Tiere warten auf die kleinen Besucher. *wd*

4,0

Buschenschenke Hanebauer

Edling 4
9344 Weitensfeld im Gurktal
T +43 4265 622
www.hanebauer.at

Öffnungszeiten:
Mai bis Ende Oktober
Do. bis So. ab 14:00 Uhr

2023 Zertifiziert

Der echte Gurktaler luftgselchte Speck
Die gute Luft auf fast 1.000 Meter Seehöhe und das langsame Reifen machen den „Gurktaler Luftgselchten" aus, ist „Hanebauer" Johann Kraßnig überzeugt. Selber überzeugen kann man sich von dem besonderen Geschmack in seiner Buschenschenke auf dem Zammelsberg: Der „Hanebauer" serviert als einziger diese Spezialität. *wd*

4,0

Buschenschenke Grün

Manuela Grün
Zeltschach 4
9360 Friesach
T +43 664 9225048
most1@aon.at
www.buschenschenke-gruen.at

Öffnungszeiten:
Von Mai bis September
Mo. und Di. Ruhetag

2023 Zertifiziert

Genießen auch ganz ohne Pilgern
Die Buschenschenke liegt direkt am Hemma-Pilgerweg, Schinkenspeck und Schweinsbraten, Salami, Leberwurst, Liptauer und Glundner Käs' mit Apfelsaft oder Most schmecken aber auch ohne Pilgern. Alles wird selber produziert und manchmal gibt es Backhendln, Ripperln oder im Fasching Metnitztaler Specknudeln. *wd*

4,0

Buschenschenke Lassnig

Jutta und Johannes Lassnig
Terpetzen 4
9102 Mittertrixen
T +43 4231 2085
Facebook: Buschenschenke Lassnig

Öffnungszeiten:
12. Mai bis 19. Juni
12. Aug. bis 10. Sept.
Fr., Sa., So., Mo. und feiertags ab 14:00 Uhr

Küche:
Bis 21:00 Uhr
Um Reservierung wird gebeten.

2023 Zertifiziert

Von allem etwas kosten

Streichwurstbrot, Kräuterkäsebrot, Schinkenbrot etc. Die Wahl fällt schwer, wenn man in der gemütlichen Buschenschenke Lassnig unter schattigen Bäumen sitzt und den süffigen Most trinkt. Wenn man gleich die Brettljause mit all den hausgemachten Köstlichkeiten bestellt, kann man nichts falsch machen. *et*

4,0

Buschenschenke Kordesch

Familie Kordesch
Hof/Dvor 4
9141 Eberndorf
T +43 664 1787636
m.kordesch@gmx.at
www.buschenschenke-kordesch.at

Öffnungszeiten:
28. April bis 20. Juni
Mittwoch Ruhetag und
29. Juni bis 17. Sept.
kein Ruhetag
von 11:00–22:00 Uhr

Küche:
Von 11:00–21:00 Uhr

2023 Zertifiziert

Paradies für Kinder

Nach einem Badetag am Klopeiner- oder Gösselsdorfer See kann man sich in der Buschenschenke Kordesch im Grünen entspannen. Was mundet dann besser, als ein kühler Most oder eine Brettljause, auf der sich lauter selbst gemachte Köstlichkeiten, vom Schinken bis zum Käse türmen? Reindling und Nusspotize sind täglich frisch. Ein Paradies für Kinder. *et*

4,0

Jausenstation Heritzer

Familie Heritzer
Pollheimerstraße 40
9411 St. Michael im Lavanttal
T + 43 4352 61161
mail@haus-und-hof.at
www.haus-und-hof.at

Öffnungszeiten:
1. Mai bis 24. Sept.
Täglich ab 15:00 Uhr
Di., Mi. Ruhetag

2023 Zertifiziert

Ein Prost auf den Lavanttaler Most
Eine Jausenstation, in der es auch eine kleine Auswahl an warmen Speisen gibt. Kärntner Nudeln zum Beispiel oder Palatschinken. Sehr umfangreich ist die Brettljause mit allerlei Köstlichkeiten vom hausgeräucherten Speck bis zum Käse. Sehr süffig ist der Lavanttaler Most und die verschiedenen hausgemachten Säfte. *et*

3,5

Schwussnerhütte

Josef und Heidi Gfrerer
Seebachtal
9822 Mallnitz
T +43 664 22 19 535
T +43 664 12 14 724
hochalm@peak.at
www.ankogel.at/
schwussnerhuette

Öffnungszeiten:
Anfang Juni bis
Ende September

Küche:
11:00–17:00 Uhr
August bis 18:00 Uhr

2023 Zertifiziert

Kärntner Hüttenkultur
Die Schwussnerhütte von Josef und Heidi Gfrerer bleibt wegen der einzigartigen Lage im Seebachtal, der urigen Atmosphäre und der Hausspezialitäten in Erinnerung. Ausgezeichnet schmecken die Fleischnudeln, die Jause, die Frigga und der Schwarzbeer-Kaiserschmarrn. Dazu passen Wimitz Bier, naturtrüber Apfelsaft, Most oder Wein vom Winzer Köck. *uz*

3,5

Raineralm Mallnitz

Thomas Gfrerer
Stappitz 128
9822 Mallnitz
T +43 664 6273078
info@raineralm-mallnitz.at
www.raineralm-mallnitz.at

Öffnungszeiten:
Juni bis Sept.

Küche:
Ganztägig warme Küche

2023 Zertifiziert

Von Sonntagbraten bis „Olmpicknick"
Die Raineralm steht für regionale Köstlichkeiten. Hier schmeckt der typische Sonntagsbraten, das Mallnitzer Wild, zart wie die Rindsrouladen oder das gekochte Rindfleisch. Weitere Spezialitäten sind Kärntner Nudeln, Kaiserschmarrn und Brettljause mit Bauernbrot. Auf Vorbestellung gibt's „Frühstück auf der Alm" oder „Olmpicknick". *wd*

3,5

Alm hinterm Brunn

Stefan Rindler
Neusach 280/1
9762 Weissensee
T +43 676 5398298
almhintermbrunn2020
@gmail.com

Öffnungszeiten:
7. Mai bis 31. Okt.
10:00–18:00 Uhr
Mi. Ruhetag

Küche:
7. Mai bis 31. Okt.
11:30–17:00 Uhr

2023 Zertifiziert

Urige Schmankerln vom Holzherd

Hier wird noch am Holzherd gekocht. Rindfleisch liefern die Weissenseer Bio-Bauern, das Hühnerfleisch kommt aus Berg im Drautal, das Wild stammt von der heimischen Jagdgemeinschaft und die Fische aus dem Weissensee. Besonders gerne gegessen werden Nudelvarianten, Wildgerichte, Spätzle und Kaiserschmarrn. Braten, Ripperln und Hüttenfondue gibt es auch. *wd*

3,5

Weingut Maltschnig

Christina und Christoph Maltschnig
Lebmach 1
9556 Liebenfels
T +43 664 4303212
office@weingut-maltschnig.at
www.weingut-maltschnig.at

Öffnungszeiten:
Weinbuschenschank:
Juni bis Sept. jeweils
Do. und Fr. ab 16:00 Uhr
Verkostungen u. Gruppen auf Voranmeldung, ganzjährig

2023 Zertifiziert

Blütenmuskateller und Roesler

Wenn aus einem landwirtschaftlichen Betrieb ein exzellenter Weinbaubetrieb werden soll, gehört schon eine Menge Engagement und Liebe dazu. Beides bringen Christoph und Christina Maltschnig mit. Blütenmuskateller, Cabernet Blanc, Roesler oder Pinot Noir sind mittlerweile hochgeschätzt. Bei Konsumenten und den Besuchern der Buschenschenke. *et*

Hof- und Feinkostläden

Mitten im Dorf oder unterwegs auf dem Weg – in Kärnten gibt es zahlreiche regionale Hofläden und Genussshops. Die Regale sind gut gefüllt mit heimischen Spezialitäten und lassen einen die Landschaft am Gaumen erleben. Frisches fürs Frühstück, Mitbringsel für zu Hause oder Proviant für die Reise, hier kann mit gutem Gewissen eingekauft werden.

Edelgreißlerei Herwig Ertl

Edelgreißler Herwig Ertl

Slow Food Travel

9640 Kötschach-Mauthen
Hauptplatz 19
www.herwig-ertl.at

Öffnungszeiten:
Mo. bis Fr. von 8:15–12:15 Uhr
und 14:30–18:00 Uhr,
Sa. von 8:15–12:15 Uhr

Herwig Ertl steht der Sinn nach Genuss und den will der Kötschacher Tausendsassa mit möglichst vielen teilen. So ist seine Greißlerei mehr als ein Laden, in dem Stöbern an sich schon ein Genuss ist. Ertl versteht es, beim Verkosten seiner kleinen Köstlichkeiten Verständnis für Regionales und Nachhaltiges zu wecken und bringt die Slow Food Philosophie so drüber, dass der Funke überspringt.

G'schäft

Slow Food Travel · Slow Food Village

9635 Dellach im Gailtal
St. Daniel 53

Öffnungszeiten:
Mo. bis Fr. von 7:30–12:00 Uhr
15:30–18:00 Uhr,
Sa. von 7:30–12:00 Uhr

Vor 30 Jahren haben Bauern aus der Umgebung gemeinsam mit der Bevölkerung diesen Laden gegründet, um die Nahversorgung zu sichern – eine einmalige Erfolgsgeschichte. Seither finden sich hier neben konventionellen Produkten Gemüse, Käse, Säfte, handgemachte, gefüllte Nudeln, Speck oder Schnäpse von den Landwirten aus der Region. Vieles in Bio-Qualität, die wie der Slow Food Gedanke hochgehalten wird.

Lesachtaler Fleisch

Markus Salcher
9654 St. Lorenzen im Lesachtal
St. Lorenzen 42
www.lesachtaler-fleisch.at

Öffnungszeiten:
Mo. bis Sa. von 9:00–12:00 Uhr

Seit drei Generationen gibt es die kleine Fleischhauerei, in der Markus Salcher Bio-Fleisch vom eigenen Bauernhof verarbeitet. Weit über das Lesachtal hinaus bekannt ist sein Beinschinken, nicht minder köstlich sind der luftgetrocknete oder geräucherte Speck und die Salami. Frischfleisch gibt es auch, ebenso Käse und Butter von Lesachtaler Bauern.

Lesachtaler Bauernladen

9655 Maria Luggau
Maria Luggau 15
www.lesachtal.com

Öffnungszeiten:
Von Mai bis August: täglich von 10:00–17:00 Uhr, ab 1. September: Mo. bis Sa. von 7:30–17:00 Uhr, So. von 10:30–17:00 Uhr

Knuspriges Lesachtaler Bauernbrot, fruchtige Marmeladen, Feines vom Lamm, Speck, Käse, Säfte und Edelbrände von über 50 Bauern und Produzenten aus dem Tal: Das alles ist im Lesachtaler Bauernladen im Wallfahrtsort Maria Luggau ebenso zu finden, wie handgemachte Souvenirs, Holzschnitzereien oder Strickwaren.

weissen-see-fisch

9762 Weissensee
Neusach 106
www.weissenseefisch.at
Verkauf Fischhaus:
T +43 676 5013674

Zwischen Juni und Oktober holt Martin Müller Wildfänge aus dem Weißensee: Reinanken, Karpfen, Rotaugen, manchmal Hecht. Daneben verarbeitet er Saiblinge, Forellen und Karpfen aus nachhaltiger Aquakultur. Die Fische gibt es frisch, heiß oder kalt geräuchert, gebeizt und süßsauer eingelegt. Und als besonderes Angebot finden sich Räucherfischtatar und ein Räucherfischaufstrich.

kostBAR

9841 Winklern, Winklern 202
www.kostbar-winklerm.at

Öffnungszeiten:
Mo. bis Fr. von 8:30–18:00 Uhr

Regionalität ist nicht Trend, sondern Lebensphilosophie für Irina Kanzian. In ihrem Bauernladen mitten in Winklern führt sie die besten Produkte von zahlreichen Bauernhöfen und Familien aus Oberkärnten – das erspart lange Transportwege. Das Angebot reicht je nach Saison von Würstln – auch vom Lamm – und Speck bis zu Käse, Honig, Kaffee und Schokolade. Der Eierlikör hat die kürzeste Anreise: Den stellt Irina selber her.

Binter-Hof

Slow Food Village

9771 Berg im Drautal
Feistritz 4
www.binterhof.at
mosser@binterhof.at
T +43 680 202 7761

Öffnungszeiten:
Selbstbedienung täglich rund um die Uhr

Der „Topfentraum" ist ein Traum für Naschkatzen. Die Milch für verschiedene Schnittkäse, Bauernmozzarella, Frisch- und Weichkäse liefern die eigenen Kühe. Schweinefleisch wird zu Schinkenspeck, Bauchspeck, Hartwürste und Kochwürste veredelt. Allen Produkten ist die Freude am Handwerk anzumerken.

Långnerhof

Slow Food Village

9771 Berg im Drautal
Oberberg 21
www.langnerhof.at

Öffnungszeiten:
Nach telefonischer Vereinbarung:
T +43 664 4423163

Schon lange bevor das Dorf Berg in die Gilde der Slow Food Dörfer aufgenommen wurde, lag Familie Weiß als Bio-Bauern der nachhaltige Umgang mit der Natur und ihren Tieren am Herzen.
Sie sind stolz darauf, zu 100 Prozent wertvolle Lebensmittel zu erzeugen: Speck, Salami, Hartwürstln und diverse Wurstsorten sind auf dem Hof auf der „Sunnseit'n".

Tauernfenster Mölltal

Slow Food Village

9821 Obervellach
Obervellach 25

Öffnungszeiten:
Di. bis Sa. von 9:00–12:00 Uhr,
Di. und Fr. auch von
15:00–18:00 Uhr

Über 400 Produkte werden in dem kleinen Geschäft am Hauptplatz von Obervellach angeboten, alle kommen von Handwerkern und Bauern aus der Region. Zu finden sind neben Lebensmittel wie Eiern, Milch, Mehl, Brot, frischem und eingelegtem Gemüse, Backwerk und vielem mehr auch eine kunterbunte Auswahl an Töpferei-, Filz- und Strickwaren.

Bauernladen Walter

Slow Food Village

9821 Obervellach
Räuflach 6
www.bauernladen-walter.at

Öffnungszeiten:
Mo., Mi., Do., Fr. von 8:00–18:00 Uhr,
Sa. von 8:00–13:00 Uhr

Frisch vom Hof kommen die Produkte im Bauernladen: Für den Bachenspeck – die typische Oberkärntner Speckseite mit Bauch und Karree – ist Familie Walter berühmt. Die Schweinderln und Rinder werden artgerecht gehalten, das merkt man auch an der Qualität der Würste und Salamis, bei Gselchtem, Leberwurst und Verhackertem. Brot, Reindling und Bauernkrapfen werden selbst gebacken.

Kräuterdorf Irschen

Kräuterdorf Irschen

Slow Food Village

www.kraeuterdorf.at
Kräuterhaus Pfarrstadel

Öffnungszeiten:
April bis September Mo. bis Fr.
von 9:00–12:00 Uhr

Während der Wintermonate sind die Produkte in der Kräuterwerkstatt im Gemeindeamt erhältlich. Öffnungszeiten: Mo bis Fr von 8:00–12:00 Uhr. Im Kräuterdorf Irschen blüht und duftet es und das traditionelle Wissen über Wild- und Gartenkräuter wird gerne weitergegeben. Im Kräuterhaus Pfarrstadel, in der Kräuterwerkstatt und bei einer Wanderung zu den Bauern und Wirten gibt es viele Spezialitäten zum Mitnehmen.

Ebners Greißlerei

9811 Lendorf, Lendorf 56
www.ebners-greisslerei.at

Öffnungszeiten:
Mo. bis Fr. von 5:00–18:00 Uhr,
Sa. von 6:00–12:00 Uhr,
Sonn- und Feiertag: 6:00–10:00 Uhr

„Wer weiter denkt, kauft näher ein!" Ein einleuchtendes Motto, überhaupt bei dem Angebot, den der kleine Laden in Lendorf bietet. Statt Erzeugnissen internationaler Konzerne sind Spezialitäten wie Bauernbrot, Honig, Speck, Käse und Milchprodukte von Ziegen und Schafen, Mehlspeisen, Kräutertees und Gewürze von Bauern aus der Region zu entdecken – ergänzt durch Gutes aus dem Alpen-Adria-Raum.

Genuss-Meierei

Genuss-Meierei Spittal

9800 Spittal an der Drau
Villacher Straße 92

Öffnungszeiten:
Mo. bis Fr. von 7:00–18:00 Uhr,
Sa. von 7:00–12:00 Uhr

Genuss-Meierei Villach

9500 Villach, Industriestraße 3

Öffnungszeiten:
Mo. bis Fr. von 7:00–18:00 Uhr,
Sa. von 8:00–12:00 Uhr

Genuss-Meierei Hermagor

9620 Hermagor, Gailtalstraße 4

Öffnungszeiten:
Mo. bis Fr. von 7:00–18:00 Uhr,
Sa. von 7:00–12:00 Uhr

Genuss-Meierei Feldkirchen

9560 Feldkirchen,
Ossiacher Bundesstraße 5

Öffnungszeiten:
Mo. bis Fr. von 7:00–18:00 Uhr,
Sa. von 7:00–12:00 Uhr

Kärntnermilch im Karnerta

Fleischfachmarkt Klagenfurt
9020 Klagenfurt am Wörthersee
Ebentaler Straße 168

Öffnungszeiten:
Mo. bis Fr. von 7:00–18:00 Uhr,
Sa. von 7:30–12:00 Uhr

Meierei ist zwar die traditionelle Bezeichnung für Molkerei, in den Genuss-Meiereien der „Kärntnermilch" entdeckt man aber neben der riesengroßen Auswahl an Milchprodukten noch weit mehr: Etwa regionale Schmankerln wie frisches Gebäck, Fleisch- und Wurstwaren, Getränke, Knabbereien, Nudeln, Essige und Öle sowie ausgesuchte internationale Spezialitäten.

Biohof Sommeregger/Spittaler Schlossbauern

Biohof Sommeregger/ Spittaler Schlossbauern

9800 Spittal an der Drau
St. Peter 19
www.biohof-sommeregger.at

Öffnungszeiten:
Do. von 16:00–19:30 Uhr,
Fr. von 8:30–12:00 Uhr

Seit mehr als einem Viertel Jahrhundert setzt die Familie Sommeregger-Ebner auf biologische Landwirtschaft. Aus Urroggen, Einkorn, Dinkel, Hafer und Weizen entstehen mehrfach ausgezeichnete Brote und Mehlspeisen sowie eine seltene Oberkärntner Spezialität: Der „Talggen" – dafür wird Getreide gedämpft, gedarrt und vermahlen. Weiters gibt es Kartoffeln und das komplette Angebot der Spittaler Schlossbauern.

Haller's Genussladen

Slow Food Village

9871 Seeboden am Millstätter See
Hauptplatz 9
www.adeg-haller.at

Öffnungszeiten:
Mo. bis Fr. von 9:00–18:00 Uhr,
Sa. von 9:00–13:00 Uhr

Der Name ist Programm: Schon das Gustieren zwischen den Regalen ist eine Freude. Kräuter aus Irschen, Zirbenprodukte, Mehle vom Bio-Bauern Thausig, Finkensteiner Nudeln, Schnäpse, Loncium-Bier, Essig- und Ölsorten, kleine und große Geschenkartikel und täglich frische Kuchen sind nur ein kleiner Teil des großen Angebotes.

gellius.shop

gellius.shop

9800 Spittal an der Drau
Siebenbürgergasse 2
Info über Facebook

Öffnungszeiten:
Mo. bis Fr. von 8:30–17:00 Uhr,
Sa. von 9:00–13:00 Uhr

Der Pop-up-Store – ein Ableger des Bad Kleinkirchheimer Restaurants gellius – hat sich gemausert: Im „gellius.shop“ werden neben den im Lokal gekochten Klassikern wie Kalbsrahmgulasch, Wildragout, veganes Kürbis-Karotten-Curry oder vegetarisches Beuschel – eingeweckt in Gläsern zum Mitnehmen – noch rund 200 weitere regionale Erzeugnisse von ausgewählten Partnern angeboten.

Heitzmann

Slow Food Village

9871 Seeboden am Millstätter See
Hauptstraße 76
www.heitzmann-der-fleischveredler.at

Öffnungszeiten:
Di. bis Fr. von 7:30–18:00 Uhr,
Sa. von 7:30–12:30 Uhr

Bereits in der vierten Generation wird bei der Familie Heitzmann auf die nachhaltige Verarbeitung der Lebensmittel geachtet. Alles wird in der weitum bekannten Fleischerei selbst hergestellt: Edelkärntner, Gamszipfel, Millstätter Rohwurst, Schinkenspeck und Hirschwürste ebenso wie Kärntner Kasnudeln. Dazu gibt es Genussreiches von Kärntner Produzenten und gute Beratung obendrauf.

Bauerngreißlerei Löscher

Slow Food Village

9871 Seeboden am Millstätter See
Unterhaus 5
www.landhaus-loescher.at, FB

Öffnungszeiten:
Do. von 15:00–18:00 Uhr,
Sa. von 9:00–12:00 Uhr

Der gekochte Schinken schaut zum Hineinbeißen gut aus, das Brot und die Kochwürstln duften, die frische Butter wird mit Modeln verziert – überall ist zu spüren, dass die ganze Familie mitarbeitet. Slow Food ist hier mehr als ein Schlagwort. Tiefgekühlt angeboten werden gefüllte Nudeln, Edelbrände und Marmeladen von benachbarten Landwirten ergänzen das Sortiment.

nockfrånz

Slow Food Village

9872 Millstatt am See, Stiftswiese (Oktober bis Mai), Öttern 2, Biohof Portisch (Juni bis September)

Öffnungszeiten:
Täglich von 8:30–20:30 Uhr

Ein Hofladen, zwei Standorte: Franz Glabischnig, bekannt als nockfrånz von der AlexanderAlm, beliefert sie mit seinem Bio-Sortiment vom Biohof Portisch und von der Sennerei. Dazukommen Produkte von regionalen Lieferanten, mit denen die Familie die Leidenschaft für echte Lebensmittel und nachhaltige Herstellung teilt. Neben Brot, Eiern, Milch, Nudeln gibt es Fleisch- und Wurstwaren, Frischfleisch, Kärntner Nudeln, Gemüse und Fisch.

Schlieber's Kräuterstube und Schmankerlhütte

9872 Millstatt am See
Obermillstatt 204
www.schlieber.at

Öffnungszeiten:
Mo. bis Sa. von 7:30–12:00 Uhr
Schmankerlhütte: Selbstbedienung
Mo. bis So. von 7.30–18:00 Uhr

Für alles ist ein Kräutlein gewachsen und in der Kräuterstube findet man sicher das richtige für jeden kulinarischen Anlass. Dazu viele hausgemachte Spezialitäten wie diverse Salze, Blüten- oder Hustensirup, Kapuzinerkressenblütenessig oder eingelegte Gemüse. Hausbrot und Mehlspeisen kommen aus dem Holzbackofen.

Fischimbiss im Garten

9872 Millstatt am See, Dellach 6
T +43 660 160 5434
Facebook: www.fischimbiss.at

Öffnungszeiten:
Ganzjährig Fr. von 11:00–16:00 Uhr.
Mai bis Mitte Oktober:
Do. bis So. von 11:00–14:00 Uhr
und 16:00–20:00 Uhr

Alle Fische kommen aus der Seefischerei oder Fischzucht der Familie Olsacher. Jeden Freitag werden frische Fische, Sulze, Fischlaibchen, Aufstrich, marinierte Fischfilets und Fischsuppe zum Mitnehmen angeboten. Im Sommer können die Spezialitäten im Garten mit traumhaftem Blick über den See verspeist werden.

Museumsstüberl mit der Schatzkammer von Berg & See

Slow Food Village

9872 Millstatt am See
Obermillstatt 17
www.millstaettersee.com

Öffnungszeiten:
Mo., Mi., Fr. von 10:00–18:00 Uhr

Regionale Produkte und Slow Food Spezialitäten wie selbst gemachten Kuchen, Müsli, Bauernhofeis, Speck und Bio-Käse bietet der kleine Shop im Heimatmuseum in Obermillstatt. Dazu kommt von frischer Milch bis zu knusprigem Brot alles, was Selbstversorger brauchen. Es gibt auch genug Platz zum Rasten und einen kleinen Imbiss. Der „Kaffee vom See" wird übrigens im Ort geröstet.

Feinstes vom Maltataler

Familie Truskaller vlg. Kronegg
9854 Malta 71
www.feinstesvommaltataler.at

Öffnungszeiten:
Mo. bis Sa. von 9:00–12:00 Uhr und 15:00–17:00 Uhr

Hier gibt es nur Produkte von Schweinen, die auf dem eigenen Hof mit gentechnikfreier Fütterung aufgezogen und stressfrei geschlachtet wurden: Speck in allen Variationen, Salami, harte Würstln und Leberwurst werden immer angeboten, Frischfleisch nur auf Bestellung. Aus dem eigenen Obstgarten kommen die Früchte für Edelbrände und Fruchtaufstriche und die Bienen sorgen für köstlichen Honig.

Ab Hofverkauf Schiffer

9853 Gmünd, Oberkreuschlach 3/2
www.abhofverkaufschiffer.at

Öffnungszeiten:
Fr. von 14:00–18:00 Uhr,
Sa. von 9:00–18:00 Uhr

Am Sonnenhang über Gmünd hat Familie Schiffer einen alten Stadel in einen schmucken Hofladen verwandelt. Über 400 Produkte – Milch, Käse, Würstln, Speck und vieles mehr – von 18 Bauern aus dem Lieser- und Maltatal sind vorrätig. Vom eigen Hof kommen zahlreiche Kräuterprodukte wie Tee, Tinkturen und Hausmittel, weiters Marmeladen, Chutneys, Gewürzmischungen, handgemachte Nudeln und Fleisch vom Almochsen.

LandLadl Klagenfurt

9020 Klagenfurt am Wörthersee
Paradeisergasse 2

Öffnungszeiten:
Di. bis Fr. von 10:00–17:00 Uhr
Sa. von 9:00–12:00 Uhr

LandLadl Gmünd

9853 Gmünd, Kirchgasse 53

Öffnungszeiten:
Mo., Mi., Do., Fr. von 9:30–12:30 Uhr und 14:00–17:00 Uhr, Sa. von 9:30–12:30 Uhr. Von Juli bis Sept. zusätzlich: So. von 14:00–17:00 Uhr

Handgemachte Produkte für Körper, Geist und Seele. Die Grundlagen für bäuerliche Hausmittel, Kräuterküche oder Naturkosmetik kommen von Feldern, Almen, Wäldern und aus dem Hausgarten. Alles ohne Konservierungsstoffe.

Schaukäserei Kaslab'n Nockberge

Schaukäserei Kaslab'n Nockberge

9545 Radenthein
Mirnockstraße 19
www.kaslabn.at

Öffnungszeiten:
Mo. bis Fr. von 8:00–18:00 Uhr,
Sa. von 8:00–12:30 Uhr

Sie wollen wissen, wie Ihr Käse entsteht? In der Kaslab'n können Kunden durch große Fenster zusehen, wie aus Kuh- und Ziegenmilch – alles in Bio-Heumilch-Qualität – feinste Käse hergestellt werden, die danach mehrere Monate wohltemperiert reifen. Frische Butter aus Rohrahm gibt es auch.

Die Radlerei

9544 Feld am See
Dorfstraße 8
www.radlerei.at

Öffnungszeiten:
Von Ende Dezember bis Mitte März und vom 1. Mai bis 15. Oktober täglich von 7:30–22:00 Uhr.
Dazwischen von Mi. bis So. von 7:30–13:00 Uhr

Dorfgreißler & Bistro nennt sich der kleine Laden, in dem von Bauernhofeis bis zu Pasta und Müsli Produkte aus ganz Kärnten zu finden sind. Dazu kommt die hauseigene Glaslküche mit Ritschert, Gulasch oder Beuschel in Einmachgläsern. Nicht nur für Radler wird auch ein Slow Food Frühstück angeboten.

Biobauernhof Mallhof

Biobauernhof Mallhof

Slow Food Village

9546 Bad Kleinkirchheim
Dorfstraße 29
www.mallhof.at

Öffnungszeiten:
Mo. bis Fr. von 8:00–13:00 Uhr,
Sa. von 8:00–12:00 Uhr

Bio-Bauern aus der Region bieten ihre Schmankerln im Mallhof an, Stöbern im einladenden Verkaufsraum lohnt sich. Vom Mallhof selbst kommen Milch, Käse und Selbstgemachtes aus Milchprodukten von Kuh, Schaf und Ziege. Von den Kollegen Salami und Speck, Kasnudeln, Kaspressknödel, Essige und Öle, Marmeladen, Brot und vieles mehr.

Kärnten Fisch

9544 Feld am See
Millstätter Straße 77
www.kaerntenfisch.at

Öffnungszeiten:
Mo. bis Fr. von 8:00–17:00 Uhr,
Sa. von 8:00–12:00 Uhr

In Naturteichen mit sauberem Gebirgswasser wachsen die verschiedene Forellenarten, Kärntner Låxn, Saiblinge und Huchen heran. Sie werden frisch, geräuchert oder gebeizt angeboten. Im Winter gibt es auch Karpfen und den heißbegehrten Forellen- und Saiblingskaviar. Weiters Räucherfischaufstrich, mit Zwiebeln sauer eingelegte Fische, Creme-Tatar und Fischsalat.

Bio-Bergbauernhof Hasentrattner

9545 Radenthein-Kaning
Nockweg 11
www.hasentrattner.at

Öffnungszeiten:
Hofladen täglich von morgens bis abends

In den Nockbergen auf 1300 Meter Seehöhe – dort wo die Straße nicht mehr weitergeht – liegt der Hasentrattner. Hier haben sich Natascha und Andreas ihren Traum vom Bio-Bauern-Dasein erfüllt. Nataschas Liebe gehört dem Käse, der in der guten Bergluft reift. Es gibt aber auch andere Leckerbissen wie Honig, Bauernbrot, Speck und Würstln in ihrem kleinen Hofladen.

Mona's Kaufladen – ADEG Arriach

Slow Food Village

9543 Arriach 43
www.monas-kaufladen.at

Öffnungszeiten:
Mo, Mi, Fr. von 6:00–12:30 Uhr und 15:00–18:00 Uhr, Di. und Sa. von 6:00–12:30 Uhr, Do. von 7:00–12:30 Uhr und 15:00–18:00 Uhr. November und Dezember von 6:00–10:00 Uhr

Ein „Supermarkt mit Herz" steht mitten in dem Slow Food Village Arriach und ist Treffpunkt für Einheimische und Gäste. Der von Mona Oblak geführte ADEG-Markt bietet auch Bio-Produkte aus der Region an. Wer sich ein bisschen umschaut oder das freundliche Personal fragt, wird bei Käse, Salami, Bauernbrot, Joghurt oder Nudeln fündig.

Dorfladen Fresach

9712 Fresach
Dorfplatz 160
www.dorfladen-fresach.at

Öffnungszeiten:
Mo. bis Fr. von 6:00–12:30 Uhr und 15:00–18:00 Uhr, Sa. von 7:00–12:00 Uhr

Die Vielfalt des kulinarischen Angebots Kärntens im Fresacher Dorfladen: Da finden sich die Produkte von Bauern und Produzenten zwischen Großglockner und Lavanttal, die locker mit der Feinkost aus den Nachbarländern mithalten können. Der Dorfladen ist auch Treffpunkt für Einheimische und Urlauber, die auf einen Café und einen Tratsch vorbeischauen.

Hofladen Berger

9541 Einöde bei Treffen
Buchholzer Straße 4+6
www.elli-riehl-puppenwelt.at

Öffnungszeiten:
Do. bis Fr. von 14:00–19:00 Uhr

Alle Gegendtaler Spezialitäten, die zu einer typischen Kärntner Brettljause gehören, sind hier zu finden: Speck, Salami, Käse, eingelegtes Gemüse, Holzofenbrot, Most und Schnaps kommen aus der eigenen Land- und Forstwirtschaft. Drei Generationen arbeiten auf dem Hof zusammen und wer Lust hat, kann auch das sehenswerte kleine Elli Riehl-Puppenmuseum besuchen.

Markt Café Finkensteiner Nudelfabrik

Marktcafé Finkensteiner Nudelfabrik

9585 Gödersdorf/Finkenstein
am Faaker See
Warmbaderstraße 34
www.finkensteiner.at

Öffnungszeiten:
Di. bis Sa. von 9:00–17:00 Uhr

Schwerpunkt im gemütlichen Shop sind die über 90 verschiedenen Nudelsorten mit und ohne Ei, in Bio-Qualität, mit Chili, Bärlauch, Schokolade oder als zartgrüne Bio-Meeresnudeln mit Spirulina. Passend dazu gibt es die verschiedensten Sugo – hausgemacht und aus der Toskana – nebst Ölen, Essigen, Säften, Tees, Weinen, Schnäpsen und Würstln, Speck und Käse von benachbarten Bauern.

Das Wiegelehaus

Slow Food Village

9611 Nötsch im Gailtal
Nötsch 39
www.wiegelehaus.at

Öffnungszeiten:
Mi. bis Fr. von 6:00–18:00 Uhr,
Sa. von 6:00–13:00 Uhr,
So. bis Di. geschlossen

Im Museum des Nötscher Kreises duftet es nach Brot, im Stüberl der Bäckerei hängt zeitgenössische Kunst: Im Wiegelehaus kommen weder kulturelle noch kulinarische Genüsse zu kurz. Berühmt sind die Schaumrollen aus Blätterteig, außerdem gibt es eine Vielfalt an Broten und Mehlspeisen, alle nach alter Handwerkstradition ohne Zusatzstoffe hergestellt.

Bio-Shop im Zitrusgarten

Bio-Shop im Zitrusgarten

9583 Faak am See
Blumenweg 3
www.zitrusgarten.at

Öffnungszeiten:
Mo. bis Sa. von 10:00–18:00 Uhr
(im Winter bis 16:00 Uhr)
Feiertags von 13:00–17:00 Uhr

Der Zitrusgarten beherbergt die größte Sammlung von Zitrusfrüchten in Europa, darunter viele Raritäten. Zitronen, Orangen und Limetten werden mit Salz oder Zucker veredelt und schmecken – wie die seltene Zitrusfrucht „Pompia", ein Projekt der Slow Food Presidi – köstlich. Naschkatzen lieben den Bio-Konfekt, ein Dauerbrenner ist der Bio-Zitruseistee.

Frierss Feines Haus

9500 Villach
Gewerbezeile 2
www.frierss.at

Öffnungszeiten:
Mo. bis Sa. von 7:30–18:00 Uhr

Als „Paradies für Genießer" empfiehlt sich das Feinkostgeschäft, in dem es neben vielen Produkten aus dem Alpen-Adria-Raum auch die hauseigenen Spezialitäten zu entdecken gibt. Der „Prosiciutto Castello", 14 Monate gereift im Schloss Treffen, kann sich mit italienischen Kollegen durchaus messen. Und Kärntner Delikatessen wie Salami oder Sasaka zeugen von der langjährigen Tradition der Familie Frierss.

Rudorfer's Nudlamt

Rudorfer's Nudlamt

9241 Wernberg
Bundesstraße 27
www.nudlamt.com

Öffnungszeiten:
Mo. bis Fr. von 8:00–16:00 Uhr

Ein Schlaraffenland für Fans von gefüllten Nudeln: Es gibt sie nicht nur traditionell mit Topfen oder Erdäpfel, sondern auch Ausgefallenes wie Hanfnuss-Kürbiskern-Nudeln und süße Varianten. Viele sind vegetarisch, lactosefrei und vegan. Ähnlich schaut es beim Knödelangebot aus und im Genussladen gibt es zahlreiche Produkte von Bauern zu entdecken.

Klosterladen Wernberg

9241 Wernberg
Klosterweg 2
www.klosterwernberg.at

Öffnungszeiten:
Mo. bis Fr. von 8:00–18:00 Uhr,
Sa. von 8:00–12:00 Uhr

Die Kräuter für Salze, Gewürze und Auszüge wachsen im Klostergarten, ebenso das Gemüse, welches frisch und eingelegt angeboten wird. Aus der Klosterküche kommen Suppeneinlagen, vom klostereigenen Bauernhof Eier, Milch und Vollkornprodukte. Brot wird zwei Mal die Woche frisch gebacken, hausgemachte Mehlspeisen sind jeden Tag ab 12:30 Uhr erhältlich.

Gortschniggs Fleischerei

9220 Velden am Wörthersee
Casinoplatz 3–5
www.goritschnigg.com

Öffnungszeiten:
Mo., Di., Mi. von 8:00–14:00 Uhr,
Do., Fr. von 8:00–18:00 Uhr,
Sa. von 8:00–13:00 Uhr

Ein Eldorado für Steak-Liebhaber: Hinter Glasscheiben reift Rind- und Lammfleisch in dem mit Himalaya-Salzsteinen ausgekleideten Reiferaum zu Dry Aged Beef. Es gibt aber auch Traditionelles wie Leberkäse oder Rouladen, außerdem Suppen, Szegediner Gulasch, Beuschel, Chili con Carne sowie vegane und vegetarische Gerichte fix fertig im Glas.

Fischerhof

9220 Velden am Wörthersee
Watzenigweg 1a
www.gutes-fischerhof.at

Öffnungszeiten:
Di. bis Fr. von 8:00–18:00 Uhr,
Sa. von 9:00–13:00 Uhr
Schaubrennerei nach tel.
Anmeldung: T +43 650 445 5568

Mitten in Kärnten blüht und duftet auf dem Fischerhof der Lavendel! Daraus und aus Marillen, Äpfeln, Zwetschken, Ribiseln und Himbeeren werden Sirupe, Marmeladen, Säfte und in der kleinen Brennerei Edelbrände, Gin und ein besonderer Kräuterlikör, der Sternberger, hergestellt. Wildkräuter nutzt Brigitte Fischer für alte Hausmittel.

Sonnhof Kulinarik

9536 St. Egyden
St. Egydener Straße 412
www.sonnhof.me

Öffnungszeiten:
Do. von 9:00–12:00 und 14:00–17:00 Uhr, Fr. von 9:00–12:00 Uhr

Auf dem Sonnhof hat man sich dem Bio-Hanf verschrieben, vom Anbau bis zur Verarbeitung wird vieles von Hand gemacht. Die Hanfsamen werden zu Öl gepresst, der Presskuchen zu Mehl und Hanfprotein verarbeitet. Es gibt Tee, Hanfmüsli, Dinkelhanfnudeln und süße und pikante Knabbereien. Auch kaltgepresste Öle und Wildragout oder Kuchen im Glas können mitgenommen werden.

Weber Hof

9072 Ludmannsdorf/Bilčovs
Selkach/Želuče 17
www.weber-hof.at

Öffnungszeiten:
Do. von 8:00–11:00 Uhr,
Fr. von 16:00–19:00 Uhr,
Sa. von 9:00–12:00 Uhr
Während der Spargelzeit:
Mo. bis Sa. von 9:00–12:00 Uhr
und 13:00 bis 17:00 Uhr,
So. von 9:00–12:00 Uhr

Familie Weber setzt auf Weiß-Rot-Grün: Spargel, Erdbeeren und Knoblauch werden je nach Saison frisch oder süßsauer eingelegt angeboten. Knoblauch wird auch zu schwarzem Knoblauch fermentiert und gefriergetrocknet, Erdbeeren zu Nektar verfeinert. Dazu Sirupe, Öle, Essige und Fruchtaufstriche.

Delikatessen Jäger

Delikatessen Jäger

9020 Klagenfurt am Wörthersee
Radetzkystraße 38–40
www.delijaeger.com

Öffnungszeiten:
Mo. bis Fr. von 7:00–18:00 Uhr,
Sa. von 7:00–13:00 Uhr

Ein Slow Food Kaufmannsladen mitten in Klagenfurt: Dr. Erwin Jäger und seine Tochter Doris bieten durch den direkten Kontakt mit den Bauern authentische Produkte an. Schinken und Würstln von kleinen Produzenten, Nudelgerichte, ein kleines Sortiment von Frischfleisch und zahlreiche saisonale Delikatessen. Und sie pflegen den herzlichen Umgang mit den Kunden!

ZOMSTEHEN am Markt

Slow Food Travel

9020 Klagenfurt am Wörthersee
Wiener Gasse 10
auf Facebook

Öffnungszeiten:
Mi., Do., Fr. von 10:00–22:00 Uhr,
Sa. von 9:00–14:00 Uhr

Noch immer fast ein Geheimtipp ist der kleine Laden, der versteckt in einem der reizvollen Innenhöfe der Altstadt liegt und in dem man auch Wein oder Kaffee trinken kann. Die delikaten Kleinigkeiten kommen hauptsächlich aus Kärnten und Slowenien, vieles direkt von Bauern. Exzellent Jausnen kann man hier immer, Mittwoch und Donnerstag gibt es auch eine spannende Speisekarte.

Die Kärntnerei

Hirter GenussTheke Klagenfurt

Slow Food Travel

9020 Klagenfurt am Wörthersee
Koschatstraße 32–34
Öffnungszeiten: Mo. von 10:00–16:00 Uhr, Di. bis Fr. von 10:00–19:00 Uhr, Sa. von 9:00–14:00 Uhr

Hirter GenussTheke Millstatt

9872 Millstatt am See, Stiftgasse 2
Öffnungszeiten:
Di. bis Sa. von 10:00–18:00 Uhr
www.hirterbier.at/genusstheke

Wein, Bier, Spirituosen, Limonaden und Schmankerln der Brauerei Hirt und dem Alpen-Adria-Raum bieten die Genusstheken. In Klagenfurt kann man Wildragout oder Ritschert aus der Hirter Bräu Küche mitnehmen; Millstatt setzt auf Spezialitäten der Region.

Die Kärntnerei

9020 Klagenfurt am Wörthersee
St. Veiter Straße 194
www.kärntnerei.at
Öffnungszeiten:
Wienerroither:
Mo. bis Fr. von 5:30–18:00 Uhr,
Sa. von 5:30–17:00 Uhr,
So. von 5:30–11:00 Uhr.
Frierss und Kaslab'n:
Mo. bis Fr. von 7:30–18:00 Uhr,
Sa. von 7:30–17:00 Uhr

Die Bäckerei Wienerroither aus Pörtschach, der Villacher Schinken- und Feinkostspezialist Frierss und die Kaslab'n aus Radenthein betreiben gemeinsam in Klagenfurt die Kärntnerei. Ein Genusstempel für Feinschmecker, die dort echte, heimische Spezialitäten auf einem Fleck vorfinden.

Genuss aus
KÄRNTEN
Genussland Kärnten
Kärnten
IS(S)T BESSER!
Qualität mit Herkunft.
Genussland Kärnten ist der Wegweiser
für echtes Lebensmittelhandwerk aus der Region.
genusslandkaernten.at

Wakonig's HofgreißlerEi

Wakonig's HofgreißlerEi

9020 Klagenfurt am Wörthersee
Schumygasse 52
www.wakonigs-hofgreisslerei.at
und Facebook, T +43 463 44 267

Öffnungszeiten:
Do. von 11:00–19:00 Uhr,
Fr. von 8:00–18:00 Uhr,
Sa. von 8:00–12:00 Uhr
24-Stunden-Selbstbedienungsshop

Barbara Wakonig, Chefin des Hauses und begnadete Brot-Bäckerin, setzt sich seit Jahrzehnten für regionale Lebensmittel ein. In ihrer HofgreißlerEi sind daher neben den hofeigenen Produkten – Schwerpunkt: alles mit Ei! – zahlreiche Erzeugnisse von Bauern aus ganz Kärnten zu finden. Stöbern im liebevoll dekorierten Laden ist ein Vergnügen.

Dein's & Mein's Klagenfurt

9020 Klagenfurt am Wörthersee
Paradeisergasse 4

Öffnungszeiten:
Mo. bis Fr. von 10:00–18:00 Uhr,
Sa. von 9:30–15:00 Uhr

Dein's & Mein's Villach

9500 Villach, Lederergasse 28

Öffnungszeiten:
Mo. bis Fr. von 10:00–18:00 Uhr,
Sa. von 10:00–15:00 Uhr

Nachhaltig Leben und Einkaufen sowie regionale Vielfalt bieten, ist das Bestreben der österreichischen Kette von Gemeinwohl-Läden. Neben Kunstgegenständen und Pflegemitteln werden naturnah produzierte Lebensmittel und Getränke mit kurzen Transportwegen und „zero waste" angeboten.

Adamhof

Adamhof

9063 Maria Saal
Arndorf 8
www.hofladenadamhof.at

Öffnungszeiten:
Fr. von 9:00–18:00 Uhr (mit Bedienung). Mo. bis Sa. von 8:00–19:00 Uhr (Selbstbedienung)

Stroh als Einstreu, große Ställe, viel Freiraum – die Schweine haben genug Auslauf und werden mit hofeigenem Getreide gefüttert. Produziert wird alles, was es für die Kärntner Jause oder zum Grillen braucht. Weiters Sauerteigbrot, Kasnudeln, Aufstriche, Tee, Apfelsaft und Most sowie Milch- und Getreideprodukte – Letztere in Bio-Qualität. Auch Eier gibt es.

Thausing Naturkost Merlinghof

9064 Magdalensberg
Matzendorferstraße 26
www.thausing-naturkost.at

Öffnungszeiten:
Mi. von 15:00–19:00 Uhr

Vom Feld auf den Teller, alles aus einer Hand und bio – Björn Thausing baut ursprüngliche Getreidesorten ohne Kunstdünger oder chemische Schädlingsvernichtung an, mahlt das Getreide in der eigenen Hofmühle und stellt daraus Natursauerteigbrote und Backwerk her. Auch Öle werden auf dem Hof frisch kaltgepresst.

Knappengut

Knappengut

Slow Food Travel

Familie Schebath
9321 Kappel am Krappfeld, Krasta 4
www.knappengut.at

Öffnungszeiten:
Immer, wenn jemand zu Hause ist oder nach tel. Vereinbarung:
T +43 664 35 73 130

Vor 30 Jahren baute Franz Schebath das erste Mal Kürbisse an. Der Erfolg gab ihm recht und seine Frau Manuela findet immer wieder neue Kreationen für ihre Kürbisknabberkerne: Mit Reindling-Geschmack, Sesam, Bier und Chili verfeinert oder zu einer Gewürzmischung verarbeitet. Ganzjährig frisch gepresst ist das gesunde Kürbiskernöl erhältlich.

Müllers Hof

9311 Kraig
Meiseldinger Straße 4
www.muellers-hof.at

Öffnungszeiten:
Mi. bis So. von 9:00–20:00 Uhr

„Bestellt, gekocht und abgeholt" ist das verlockende Motto von Müllers Hofladen. Und wenn man schon einmal da ist, lohnt sich ein Blick in den hübsch eingerichteten Verkaufsraum mit den regionalen und hausgemachten Produkten wie selbstgebackenes Brot, Speck, Kernöl, Saucen, verschiedenen Säften, Tees, Gewürzen und Schokolade.

Schokoladenmanufaktur Craigher

Slow Food Travel

9360 Friesach
Hauptplatz 3
www.craigher.at

Öffnungszeiten:
Mo. bis Sa. von 7:30–18:30 Uhr,
Sonn- & Feiertage 10:00–18:00 Uhr
Schokolade Erlebnismanufaktur
Mo. bis Sa. von 9:00–17:00 Uhr,
Sonn- & Feiertage 10:00–17:00 Uhr

Wie unterschiedlich Kakao aus aller Welt unverarbeitet schmeckt, kann man in der Erlebnismanufaktur ausprobieren. Wie köstlich die Nascherei nach der Veredelung mundet, bei den Schokoladen: Die gibt es handgefertigt mit Füllungen von Kürbishonig bis Zitrone.

Hirter Bierathek

Slow Food Travel

9322 Micheldorf
Hirt 1
www.hirterbier.at

Öffnungszeiten:
Mo. bis So. von 9:00–18:00 Uhr

Neben der Brauerei in Hirt wartet einer der größten Brauerei-Shops in Österreich, wobei es allein schon bemerkenswert ist, was sich alles mit und aus Bier herstellen lässt: Etwa Schokolade, Brände, Senf, Knabberkerne, Biersalz und -essig. Aus der Küche kommen Gulasch, Wildragout und mit Zigarrenbrand gebeizter Lachs, es gibt Fruchtaufstriche und eine große Auswahl an Produkten aus der Nachbarschaft.

Naturkost Duschlbaur

9560 Feldkirchen
Obere Tiebelgasse 6
www.naturkost-duschlbaur.at

Öffnungszeiten:
Mo. bis Fr. von 8:00–18:00 Uhr,
Sa. von 8:30–12:30 Uhr

Zeit sollte man sich schon nehmen beim Duschlbaur. Die älteste Greißlerei Kärntens ist eine Fundgrube für gesunde Bauern- und Bio-Produkte aus der Region und hausgemachte Imbisse und Mehlspeisen. Von besonderem Reiz sind die nostalgischen Regale, in denen sich Tees, Kräuterauszüge und Tinkturen von Kurkuma bis Mariendistel entdecken lassen.

Bio-Laden „natursprung"

9334 Guttaring
Schelmberg 2
www.natursprung.at

Öffnungszeiten:
Fr. von 13:00–18:00 Uhr,
Sa. von 8:00–12:00 Uhr

Fünf benachbarte Bauern haben sich zu diesem Hofladen für Bio-Produkte zusammengeschlossen: Der Schwerpunkt liegt bei Fleischprodukten, die ohne künstliche Zusatzstoffe, Bindemittel oder Fertiggewürze hergestellt werden. Brot und Gebäck entsteht in Handarbeit, Obstbäume liefern Apfelsaft und Essig. Dazu gibt es noch Grundnahrungsmittel wie Kartoffel, Öle, Eier und Nudeln.

Hofkäserei Nuart

Hofkäserei Nuart

9102 Mittertrixen
Waisenberg 6
www.nuart.at

Öffnungszeiten:
Fr. von 9:00–19:00 Uhr,
Sa. von 9:00–15:00 Uhr

Der Rohmilchkäse von Familie Nuart ist schon Legende, das in Holzasche gereifte „Schwarze Schaf" ist in den besten Restaurants zu finden. Aus Schafmilch werden in der Hofkäserei aber auch Topfen, Weichkäse, Schnittkäse und ein Blauschimmelkäse hergestellt, auch Joghurt natur oder mit Früchten entsteht in Handarbeit. Mit der anfallenden Molke werden Freilandschweine aufgezogen.

Marktplatz Erschenhof

9141 Globasnitz/Globasnica
St. Stefan/Šteben 10
www.erschenhof.at

Öffnungszeiten:
Mo. bis Fr. von 8:00–12:00 Uhr

Den Geschmack der Heimat will die Familie Erschen mit ihrem Hofladen vermitteln. Eigene Produkte sind Sonnenblumen-, Kürbiskern-, Leinsamen- , Hanf- oder Walnussöl, Kürbissalz, Apfelsaft, Knabberkerne und Proteinpulver aus dem Ölkuchen zum Backen – glutenfrei und vegan. Dazu gibt es noch Lebensmittel von Bauern aus dem Jauntal und darüber hinaus.

„Wie schön es ist zu ernten – diese Ernte ist ein Fundament für ein neues Jahr."

Lavanttaler Obst
Most • Saft • Wein

„Säfte, Most und Obstwein von **Lavanttaler Obst** sind purer Geschmack von natürlichen, heimischen Streuobstwiesen - Erzeugnisse, die durch jahrzehntelange Erfahrung mit höchstem technischen Know-How und natürlich viel Herzblut hergestellt und verkostet werden."

ING. BERTHOLD RADL
Betriebsleitung Obstverarbeitung
Telefon (04352) 2877
obstabteilung@lagerhaus-lavanttal.at

ROSITA RADL-JÖBSTL
Verkauf und Präsentation
Mobil (0664) 2538 042

lavanttaler-obst.at

Biohof Tomic

Biohof Tomic

9141 Eberndorf/Dobrla vas
Buchbrunn/Bukovje 12
www.biohof-tomic.at

Öffnungszeiten:
Hofladen Mo. bis Fr. von 8:00–12:00 Uhr. Marktstand in Klagenfurt jeweils von 7:00–13:00 Uhr: Mi. Waidmannsdorf, Do. Benediktinermarkt, Fr. Bio-Markt

Dinkel, Weizen, Roggen, Hafer, Buchweizen, Braunhirse, Mais und Urkörner werden angebaut. Das Bio-Getreide wird auf dem Hof vermahlen und zu verschiedensten Broten verarbeitet. Die Feldfrüchte gibt es auch als Körner oder Mehl und mit Bio-Zutaten als Müsli und Crunchy. Begehrt ist auch das Bio-Sojaöl.

Arlitscherhof

9135 Bad Eisenkappel/
Železna Kapla
Lobnig/Lobnik 3
www.arlitscherhof.at

Öffnungszeiten:
Fr. von 8:00–18:00 Uhr,
Sa. von 8:00–12:00 Uhr
oder nach tel. Voranmeldung:
T +43 676 72 46 753

Nudeln – gefüllt, geschnitten, aus Weizen oder Dinkelvollkorn – sind die Klassiker beim Arlitscher. Die aus frischen Eiern hergestellten Nudeln gibt es auch als „Arli-Chips" mit Knoblauch, Mais, Roten Rüben oder Karotten. Weiters Kräutertees, Pesto, Chutney, Marmeladen und Liköre aus Fichtenwipfeln oder Dörrzwetschken.

Haus der Region

Haus der Region

Slow Food Travel

9400 Wolfsberg
Getreidemarkt 3
www.hausderregion.at

Öffnungszeiten:
Mo. bis Fr. von 9:00–19:00 Uhr,
Sa. von 9:00–17:00 Uhr

Die Schätze des Lavanttals unter einem Dach sind im „Haus der Region" zu finden: Dazu zählen neben Säften, Wein, Likören, Edelbränden, Tee, Honig, Gewürze und Getreide auch Spezialitäten vom Strauß, Teigwaren und schwarzer Knoblauch. Dem nicht genug: Es gibt auch Räucherwerk, Kunsthandwerk aus Holz und Keramik und Strickwaren aus Alpaka-Wolle.

Mocho Markt

9112 Griffen
Gewerbestraße 11
(bei der Autobahnausfahrt)
www.mochoritsch.at

Öffnungszeiten:
Täglich von 8:00–20:30 Uhr

Ein kleines Universum des Genusses direkt an der Autobahn: Beim Mocho Markt in der Griffen Rast sind ausgesuchte Spezialitäten aus der Alpen-Adria-Region zu bekommen sowie Olivenöl und Salz aus Istrien, Trüffel, Weine und Schnäpse aus Italien, Marmeladen, Fleisch- und Milchprodukte aus Kärnten und die Mocho- Eigenmarke des Hauses: Öle, Mehl, Honig, Polenta und Weine.

Biohof Paulitsch

9431 St. Stefan im Lavanttal
Rieding 42
www.biohof-paulitsch.at
Ab-Hof-Verkauf nach tel.
Anmeldung:
T +43 664 44 16 566
Verkauf in zahlreichen Läden in
Unter- und Mittelkärnten

Auf dem Erbhof am Fuß der Koralpe wird Obst und Gemüse biologisch angebaut und von Doris und Gerhard Paulitsch – er wurde 2022 als Biodiversitätsbotschafter für Österreich ausgezeichnet – in süße Versuchungen verwandelt. Rund 40 Sorten Obst und Kräuter werden zu Fruchtaufstrichen, Sirup, süßen und scharfen Chutneys verarbeitet.

Biohonigmanufaktur Klopeiner See

9122 St. Kanzian am Klopeiner See
Peratschitzen 25

Öffnungszeiten:
1. April bis 30. September:
Mo. bis Sa. von 13:00–18:00 Uhr
1. Oktober bis 31. März: Di. und
Do. von 11:00–17:00 Uhr

Von der Honigernte bis ins Glas ist alles traditionelle Handarbeit. Weniger traditionell, dafür verführerisch gut sind die Honigspezialitäten von Gabriele Prosser: Bio-Honig-Haselnusscreme, Honig mit Orange, Himbeer, Feigen oder Pfeffer. Zirben-Honig-Schnaps und Propolistropfen gibt es auch.

Biohof Hanzmann

9122 St. Kanzian am Klopeiner See
Horzach/Horce 1/8

Öffnungszeiten:
Fr. von 15:00–19:00 Uhr
oder nach tel. Vereinbarung

Ziegen sind echt zickig, zumindest was ihr Futter angeht: Dafür liefern sie eine besonders gut verdauliche Milch, die auf dem Hanzmann-Hof zu Joghurt, Topfen, Aufstrichen und Weichkäse mit Basilikum oder Schwarzkümmel verarbeitet wird. Ein Geheimtipp zum Grillen ist der Brat- und Grillkäse, der in Kräuter und Öl eingelegt ist.

Hofladen Lippitz vlg. Oberländer

Slow Food Travel · Slow Food Village

9470 St. Paul im Lavanttal
Kollnitzgreuth 1
T +43 664 11 07 106

Öffnungszeiten:
Do., Fr. von 9:00–11:00 Uhr und
15:00–18:00 Uhr. Sa., So. von
15:00–18:00 Uhr. Betriebsurlaub
Jänner und Juli

Fruchtsäfte, Most, Wein – aus den Obstgärten der Familie Lippitz warten hier auf Genießer. Lavanttaler Banane wird als Saft geschätzt, beim Most hat man die Wahl zwischen herben, alten Sorten wie Bonapfel und leichten, fruchtigen wie Jonagold. Auch Sirupe aus Früchten und Kräutern sind zu finden.

Manufaktur Müller

Slow Food Travel

9462 Bad St. Leonhard, Hauptplatz 1
www.manufaktur-mueller.at

Öffnungszeiten:
Fr. von 15:00–19:00 Uhr, Sa. von 9:00–13:00 Uhr oder nach tel. Vereinbarung: T +43 664 11 37 183

Feiner Essig, edle Brände und bekömmliche Honigprodukte werden hier traditionell, aber mit modernster Arbeistweise hergestellt. Die Früchte kommen von der Streuobstwiese, dem Wald oder Hausgarten. Bei den Bränden finden sich auch seltene Sorten wie Kriecherl und Vogelbeere. Die Essige reifen in Holz- oder Edelstahlfässern mindestens ein Jahr – es gibt dutzende Sorten.

Der NUSShof

Slow Food Travel · Slow Food Village

Familie Kienzl
9422 Maria Rojach, Lindhof 5
www.walnussöl-kienzl.at

Öffnungszeiten:
Mo. bis Do. nachmittags,
Fr. und Sa. von 8:00–12:00 Uhr und 14:00–18:00 Uhr

120 Walnussbäume versorgen Familie Kienzl mit dem Grundmaterial für kaltgepresstes oder geröstetes Walnussöl, das dank des hohen Anteils an Omega-Fettsäuren und Vitamin E sehr gesund ist. Aus dem Presskuchen wird glutenfreies Walnussmehl oder Trester-Brand. Auch einen Nusslikör gibt es, etwas Süßes namens „Schwarzes Gold" und die Walnussmarmelade „Braunes Gold".

Hofkäserei Rutrecht

9412 St. Margarethen im Lavanttal
Schwarzer Weg 19
T +43 650 400 2735
www.hofkaesereirutrecht.at

Öffnungszeiten:
Mo. bis Fr. von 8:00–12:00 Uhr und 14:00–18:00Uhr,
Sa. von 8:00–12:30 Uhr

In der Reifekammer warten die „Prinzen" auf ihren Auftritt: Der „Schlemmerprinz" mit Pfeffer oder Kräutern, der „Dorfprinz" mit Rotschmiere, der „Alpenprinz" im Kräutermantel, der mild-würzige „Jausenprinz", der „Frühlingsprinz" und der „Weinprinz", der in Rotwein eingelegt wird. Auf Bestellung gibt es Käseplatten und Käsebrötchen, auch mit hausgemachtem Topfenstreichkäse.

Prime Insects

Slow Food Travel

9462 Wartkogel, Wartkogel 14
www.primeinsects.com

Öffnungszeiten:
Führungen und Verkostung nach Anmeldung: T +43 664 190 4409

Delikatessen der Zukunft: Rund 12 Millionen Bio-Mehlwürmer wachsen auf der biologischen Mehlwurmfarm heran. Sie werden geröstet und gesalzen zum Knabbern verkauft, es gibt sie mit Chili und Kräutern, als Schokowürmchen und als Müsliriegel. Ebenso in einer Brotbackmischung mit Dinkelvollkornmehl, die dank der gemahlenen Mehlwürmer einen leicht nussigen Geschmack und hohen Proteingehalt von 30 Prozent hat.

Forellenhof Marzi

Forellenhof Marzi

Slow Food Travel

9431 St. Marein
Völkling 4
www.marzi-forellen.at

Öffnungszeiten:
Mi., Do. und Fr. von 8:00–12:30 Uhr und 14:00–18:00 Uhr, Sa. von 8:00–12:30 Uhr

Frische Forellen und Saiblinge sind beim Marzi immer zu haben, im Winter auch Karpfen und die bis zu acht Kilo schwere Kaiserforelle, welche mariniert oder geräuchert dem Lachs durchaus Konkurrenz macht. Die Fische werden auch zu Aufstrichen, Wellness-Filets, Fischlaibchen und Fischravioli verarbeitet.

Fräulein Maier's Kräuterei

Slow Food Travel Slow Food Village

9473 Lavamünd
Rabensteingreuth 3
Facebook

Öffnungszeiten:
So. bis Fr. von 10:00–16:00 Uhr

Getrocknete, essbare Blüten oder ein Massageöl aus Äpfeln – bei Fräulein Maier sind sie richtig auf der Suche nach ausgefallenen Köstlichkeiten aus Kräutern, Blumen und Gemüse. In Handarbeit stellt sie gesunde Sachen her: Pesto aus Wildkräutern, Chutneys, sortenreines Ketchup aus bunten Tomaten, Marmeladen, getrocknete Paradeiser und den „Lavanttaler Chai" zum Aufwärmen.

Holzer's Kärntner Knoblauch

Slow Food Travel · Slow Food Village

9470 St. Paul im Lavanttal
St. Margarethen 7
www.holzer-austria.com

Öffnungszeiten:
April bis Oktober. Mo. bis Sa. von 9:00–17:00 Uhr; übrige Zeit nach tel. Vereinbarung: T +43 664 1771 761

Auf über drei Hektar baut Margit Holzer 15 verschiedene Knoblauchsorten an. Die duftenden Knollen gibt es frisch, zu Pesto, Creme oder Essig verarbeitet und als „Black Garlic – Schwarzer Knoblauch", dem eine besonders heilende Wirkung nachgesagt wird. Weiters gibt es Erdbeeren, Rhabarber und seltene Sorten wie Kiwano, Okra und sogar Safran.

Fischeria Schloss Lichtengraben

Slow Food Travel

9462 Bad St. Leonhard
Lichtengraben 1
www.schloss-lichtengraben.at

Öffnungszeiten:
Fr. von 10:00–16:00 Uhr (im Sommer bis 18:00 Uhr). Ofenwarme Räucherfische ab 12:00 Uhr

Ein Insidertipp für Fischliebhaber: fangfrische Forellen und Saiblinge aus Naturteichen, Fischseiten und Räucherfischaufstrich werden im Hofladen „Zur alten Mühle" angeboten. Pünktlich um 12:00 Uhr gibt es von Schlossherr Andreas Ritter frisch geräucherte Fische, die am besten noch warm in der „Fischeria" verspeist werden.

Lavanttaler Spargelhof Sternath

Slow Food Travel

9431 St. Stefan im Lavanttal
Hauptstraße 34
www.spargelhof-sternath.com

Öffnungszeiten:
Während der Spargelzeit von Mo. bis So. von 8:00–18:00 Uhr (auch an Sonn- und Feiertagen)

Die Familie Sternath ist dem Frühling verfallen: Weiß, grün, violett und knackig frisch sind die Spargelstangen – wer will, kann den weißen Spargel gleich schälen lassen. Mit den unbehandelten, naturbelassenen Erdbeeren gibt es gleich auch den idealen Nachtisch und ein bunter Tulpen- oder Pfingstrosenstrauß sorgt zu Hause für gute Stimmung.

Kammerhof

9433 St. Andrä im Lavanttal
Höfern 4
www.spargel-lavanttal.at

Öffnungszeiten:
In der Spargelzeit täglich von 8:00–18:00 Uhr. In der Artischockenzeit (Juli bis Ende September) Selbstbedienung auf dem Hof rund um die Uhr. Empfohlen wird eine tel. Vorbestellung: T +43 664 460 9644

Bei Familie Jäger regieren mit Spargel und Artischocken zwei Jahreszeiten: Beim Anbau der beiden exotischen Gemüse war der Kammerhof einer der ersten in Kärnten. Jetzt gibt es auch handverlesenes Popcorn, Apfelsaft, Most und Destillate aus dem eigenen Obstgarten.

Gšeft

Petzenlandhof Pratnekar

9143 St. Michael ob Bleiburg/
Šmihel pri Pliberku
Feistritz 40
Facebook

Öffnungszeiten:
Mo. bis Fr. von 9:00–18:00 Uhr,
Sa. von 9:00–16:00 Uhr

Familie Pratnekar nennt einen großen Obstgarten ihr Eigen: Pfirsiche, Marillen, Äpfel, Kirschen, Birnen, Zwetschken, Himbeeren, Johannisbeeren und Holunder werden nur dann, wenn sie richtig reif sind, von Hand geerntet. Daraus entstehen edle Brände, Nektar, Essig, Most, Liköre und Marmeladen. Ein eigenes Sonnenblumenöl und Frischobst je nach Saison gibt's auch.

Gšeft

9143 St. Michael ob Bleiburg/
Šmihel pri Pliberku 26
www.gseft.at

Öffnungszeiten:
Mo. bis Fr. von 9:00–18:00 Uhr,
Sa. von 9:00–13:00 Uhr

Ein zweites Wohnzimmer zum Treffen mit Freunden, ein Café zum Ratschen und Nahversorger – das alles bietet das Gšeft. Ebenso vielfältig ist das Sortiment, das meiste davon regional und biologisch. Bohnen, Getreide und Olivenöl kann man selbst abfüllen, manches – wie Oliven oder Bio-Ajvar – kommt aus dem Nachbarland. Individuelle Geschenkskörbe werden gern zusammengestellt.

Saat & Tat, Naturhof Tomažej

Saat & Tat, Naturhof Tomažej

9143 St. Michael ob Bleiburg/
Šmihel pri Pliberku
Traundorf 8
www.saatundtat.at

Öffnungszeiten:
Hofladen Fr. von 16:00–19:00 Uhr

Vielfalt und Raritäten stehen hier im Vordergrund: Frisches Gemüse, Brot – auch mit Linsen oder Roten Rüben, Nudeln, Fruchtsirupe und -aufstriche, Salzmischungen oder Suppengemüse im Glasl – alles aus Überzeugung bio angebaut: Im heimeligen Hofladen ist vieles zu finden. Wer mehr über Backen, Kochen und Konservieren lernen möchte, ist bei den Workshops gut aufgehoben.

Zogglhof

Obmann Hans Köstinger
9470 St. Paul im Lavanttal
Hundsdorf 2
www.mostbarkeiten.at

Öffnungszeiten:
Nach telefonischer Vereinbarung:
T +43 4357 3141

Der Zogglhof mit seiner eigenwilligen Fassade fällt schon von Weitem auf:
Im Inneren beherbergt der frühere Gutshof des Stiftes St. Paul heute die „Galerie der Mostbarkeiten". Hier können die Destillate, Moste, sortenreine Apfelweine und Säfte der Lavanttaler Bauern verkostet und gekauft werden. Führungen mit kommentierten Verkostungen sind möglich.

Klosterladen Stift St. Paul

Klosterladen Stift St. Paul

Slow Food Travel · Slow Food Village

9470 St. Paul im Lavanttal
Hauptstraße 1
www.stift-stpaul.at

Öffnungszeiten:
1. Mai bis 26. Oktober Mi. bis So. von 10:00–17:00 Uhr

Die regionale Wertschöpfung ist den Benediktinermönchen ein Anliegen, daher haben sie sich auch der Slow Food Bewegung angeschlossen. Vieles wird im Kloster selbst hergestellt: Die Zutaten für Räucherwerke kommen aus dem Bio-Kräutergarten des Stifts, das Obst für hochprozentige Destillate von den Streuobstwiesen, Wein vom eigenen Weingarten, Kunsthandwerk von Lavanttaler Künstlern.

Genussladen St. Paul im Lavanttal

Slow Food Travel · Slow Food Village

9470 St. Paul im Lavanttal
Schwarzviertler Straße 2
www.hausderregion.at
Facebook

Öffnungszeiten:
November bis April: Mo. bis Fr. von 9:00–19:00 Uhr, Sa. von 9:00–17:00 Uhr. Mai bis Oktober: Di. bis Fr. von 9:00–19:00 Uhr, Sa. von 9:00–17:00 Uhr, So. von 11:00–17:00 Uhr

Der Genussladen gehört zum „Haus der Region" in Wolfsberg, konzentriert sich aber auf Produzenten aus dem Unteren Lavanttal: Schinken- und Wurstspezialitäten, Honig, Erzeugnisse der Mostbarkeiten und des Stifts St. Paul, welche in „Schatzkisterl" verpackt gern verschenkt werden.

Wo Sterne und Hauben zählen

Es gibt in Kärnten großartige Restaurants, die nicht nur regionale Lebensmittel verwenden, sondern auch auf internationale Produkte und Gerichte setzen. Einige davon möchten wir auf den nächsten Seiten vorstellen. Die Küche dieser Gastgeber ist großartig und bietet Genuss auf hohem Niveau.

Gourmet Restaurant Hubert Wallner

Seeplatz 6
9082 Dellach/Maria Wörth
T +43 4273 38 589
office@hubertwallner.com
hubertwallner.com

Gault&Millau	4 Hauben	18,5 Pkt.
Falstaff	4 Gabeln	99 Pkt.
A la Carte	★★★★★	85 Pkt.

Die Liste der Auszeichnungen ist lang, Hubert Wallners Restaurant am Südufer des Wörthersees gilt als das beste in Kärnten. Der Spitzenkoch verwöhnt die Gäste mit überraschenden Ideen und sensiblen Kreationen. Der Keller beherbergt eine Fülle von Champagner und Spannendes aus Österreich und den Nachbarländern.

Restaurant Caramé

Am Corso 10
9220 Velden am Wörthersee
T +43 4274 3000
3000@carame.at
www.carame.at

Gault&Millau	4 Hauben	17 Pkt.
Falstaff	4 Gabeln	95 Pkt.
A la Carte	★★★★	87 Pkt.

Im Herzen von Velden punktet das Vier-Hauben-Lokal mit freundlichem und aufmerksamem Servicepersonal und saisonalen Akzenten in der Küche. Die Gerichte sind raffiniert kombiniert und für kulinarische Überraschungen gut. Neben À-la-Carte-Gerichten wird ein fünf- beziehungsweise siebengängiges Menü angeboten.

Restaurant Trippolt Zum Bären

Slow Food Travel

Silvia und Josef Trippolt
Hauptplatz 7
9462 Bad St. Leonhard
T +43 4350 2257
office@zumbaeren.at
www.zumbaeren.at

Gault&Millau	3 Hauben	15,5 Pkt.
Falstaff	3 Gabeln	91 Pkt.
A la Carte	★★★	82 Pkt.

Ländliche Gemütlichkeit trifft auf internationale Trends: Josef Trippolts Alpen-Adria-Naturküche vereint Branzino-Tatar samt mildem Zitronenöl und Kohlrabisalat mit am Feuer gebratenen Wacholder-Reh mit Lavandelhonig. Als Aperitif empfiehlt sich ein „Bärmut", am besten im zauberhaften Gastgarten.

Dolce Vita

Brodetto, Oktopus, Risotto, Pasta nero di sepia – ein Dinner im stylischen „Dolce Vita" mitten in Klagenfurt ist wie ein kleiner Ausflug in den Süden. Auch zu Mittag lässt es sich bei Stephan Vadnjals leichten, mediterranen Gerichten gut von Ferien träumen – vor allem im sonnigen, kleinen Gastgarten.

Heuplatz 2
9020 Klagenfurt am Wörthersee
T +43 463 554 99
restaurant.dolce.vita@aon.at
www.dolce-vita.de

Gault&Millau	3,5 Hauben	16,5 Pkt.
Falstaff	3,5 Gabeln	91 Pkt.

La Terrasse im Hotel Schloss Seefels

Hier wird bewusst regional gekocht: Die Fische kommen aus dem Wörthersee, Wagyū-Rind, Spargel und Artischocken aus dem Lavanttal, Gemüse, Kräuter und Käse von heimischen Bauern. Im neu gestalteten Restaurant mit Traumterrasse serviert Küchenchef Richard Hessl Klassiker mit dem besonderen Etwas.

Töschling 1
9212 Pörtschach, Techelsberg am Wörthersee
T +43 4272 2377
office@seefels.at
www.seefels.at

Gault&Millau	3,5 Hauben	15 Pkt.
Falstaff	4 Gabeln	95 Pkt.

Restaurant „Das Lilienberg"

Das Restaurant Lilienberg inmitten der Weinberge bietet Toskana-Feeling mit Karawankenblick. Hier fühlen sich nicht nur Italien-Fans wohl, sondern auch Feinschmecker. Küchenchef Oliver Drug kochte bisher nur in Restaurants der mit Sternen ausgezeichneten Top-Liga und sorgt für einzigartige Genussmomente.

Polzerweg 1
9121 Tainach
T +43 4239 202 76
info@lilienberg.at
www.lilienberg.at

A la Carte	★★★	86 Pkt.
Falstaff	3,5 Gabeln	93 Pkt.

Der Tschebull

Familie Tschemernjak
Egger Seeuferstraße 26
9580 Egg am Faaker See
T +43 4254 2191
office@tschebull.cc
www.tschebull.cc

Gault&Millau 12 Pkt.
Falstaff 83 Pkt.

Seit Generationen wird hier Wert auf Tradition und regionale Zutaten gelegt, wobei die Alpen-Adria-Region gekonnt miteinbezogen wird. Tagliatelle mit Wurzelspeck, Chili und Mangold locken ebenso wie Kaiserschnitzel nach Altwiener-Art mit Erdäpfelsalat oder gesottenes Tellerfleisch mit viel Kren.

Kleinsasserhof

Familie Gasser
Kleinsass 3
9800 Spittal an der Drau
T +43 4762 2292
buchung@kleinsasserhof.at
www.kleinsasserhof.at

Gault&Millau 11,5 Pkt.
Falstaff 90 Pkt.

Alles, außer gewöhnlich ist der Kleinsasserhof: Bunt und innovativ geht es an den Wänden und auf den Tellern zu. Polentaauflauf mit Gemüse und Tomatenragout macht nicht nur Vegetarier glücklich, das Bauernhendl mit Rosmarinsaft ist eine Spezialität. Vieles kommt aus eigenem Garten und Landwirtschaft.

Gasthaus Messnerei Sternberg

Familie Sternad
Sternberger Straße 19
9241 Wernberg
T +43 664 417 2490
www.sternberg-messnerei.at

Gault&Millau 12,5 Pkt.
Falstaff 85 Pkt.

„Wos da ist is da … wos aus is, is aus." Das Motto der Messnerei ist Programm: Alles wird frisch zubereitet und je nach Jahreszeit gibt es raffiniert-einfache Gerichte mit regionalen Produkten. Ein Ort der Entspannung: Am besten im zauberhaften Gastgarten oder in der liebevoll dekorierten Stube zu genießen.

Restaurant Lagana

Dreierlei vom Rind, Käntner Mini-Käsnudeln, aber auch Poke-Bowle mit Saibling oder Bio-Tofu – gekocht wird im Lagana vorwiegend mit frischen, regionalen Zutaten. Im eleganten, städtischen Ambiente wird mediterrane Küche mit einem leichten asiatischen Touch serviert. Im Sommer auf der Terrasse an der Drau.

Hotel voco® Villach
Europaplatz 1–2
9500 Villach
T +43 4242 22522
info@villach.vocohotels.com
www.villach.vocohotels.com

Falstaff 90 Pkt.

Seerestaurant Portofino

Scharfe Gamba Piri Piri oder saftiger Branzino? Krumpendorfer Schnecken oder gebackene Hendlhaxn? Leicht fällt die Auswahl wirklich nicht im Seerestaurant Portofino mit sensationellem Blick über die Veldener Bucht. Regionale Gerichte und Feines aus der internationalen Küche werden kreativ veredelt.

Seehotel Europa
Wrannpark 1–3
9220 Velden am Wörthersee
T +43 4274 2770
seehotel.europa@wrann.at
www.wrann.at

Falstaff 88 Pkt.

Restaurant Maria Loretto

Ein Logenplatz am Wörthersee: Das Restaurant Maria Loretto auf der malerischen Halbinsel in Klagenfurt bietet die schönsten Sonnenuntergänge und verwöhnt mit legendärer Fischküche. Ob gedämpftes Wallerfilet oder Steingarnelen vom Grill schmecken auf der Terrasse oder im Gastgarten mit Blick auf den See.

Lorettoweg 54
9020 Klagenfurt am Wörthersee
T +43 463 24465
anfrage@restaurant-maria-loretto.at
www.restaurant-maria-loretto.at

Falstaff 86 Pkt.

Die Bewertungen von Gault&Millau, Falstaff und À la carte im Überblick

GAULT&MILLAU

4 Hauben (18,5–17 Punkte)

Hubert Wallner Gourmet Restaurant, Dellach/Maria Wörth
Die Forelle, Weissensee
Sicher Restaurant, Tainach
Caramé, Velden am Wörthersee

3 Hauben (16,5–15 Punkte)

Moritz, Grafenstein
Dolce Vita, Klagenfurt am Wörthersee
Trippolt Zum Bären, Bad St. Leonhard
Bärenwirt, Hermagor
La Torre, St. Veit an der Glan
Das Loewenzahn, Weissensee
DIE YACHT, Velden am Wörthersee
La Terrasse, Pörtschach-Techelsberg am Wörthersee
Das Vogelhaus, Klagenfurt am Wörthersee

2 Hauben (14,5–13 Punkte)

Kropf, Griffen
Biohotel Gralhof, Weissensee
Neusacherhof, Weissensee
Liegl am Hiegl, St. Georgen am Längsee
Federleicht, Völkermarkt
Burg Landskron, Landskron
Alte Point, Arriach
Seespitz im Falkensteiner Schlosshotel Velden, Velden am Wörthersee
Strandhotel am Weissensee, Weissensee
Metzgerwirt, Radenthein
Hubertushof im Garten, Velden am Wörthersee
Stiftsschmiede, Ossiach
Landhotel Lindenhof, Feld am See
Das Moerisch, Seeboden
Loystubn, Bad Kleinkirchheim
Restaurant Leiten, Klagenfurt am Wörthersee

Quelle: Webseite Gault&Millau 2023

FALSTAFF

Hubert Wallner Gourmet Restaurant, Dellach, 99 Punkte

Die Forelle, Weißensee, 98 Punkte

Caramé, Velden, 95 Punkte,

La Terrasse im Hotel Schloss Seefels, Pörtschach am Wörthersee, 95 Punkte

Das Lilienberg, Völkermarkt, 93 Punkte

Fischerhaus, Moosburg, 93 Punkte

Fischrestaurant Sicher, Tainach, 93 Punkte

La Torre, St. Veit an der Glan, 92 Punkte

Hochschober, Turracher Höhe, 92 Punkte

Seespitz im Falkensteiner Schlosshotel Velden, Velden am Wörthersee, 92 Punkte

Dolce Vita, Klagenfurt am Wörthersee, 91 Punkte

Moritz, Grafenstein, 91 Punkte

Trippolt Zum Bären, Bad St. Leonhard, 91 Punkte

Bärenwirt, Hermagor, 90 Punkte

Wirtshaus im Hotel Neusacherhof, Weißensee, 90 Punkte

Biohotel der daberer, Dellach im Gailtal, 90 Punkte

Frierss Feines Haus, Villach, 90 Punkte

Lagana im voco® Villach, Villach, 90 Punkte

Kleinsasserhof, Spittal an der Drau, 90 Punkte

Südsee by Kerstin & Hubert Wallner, Oberdellach, 90 Punkte

Porto Bello im Hotel Schloss Seefels, Pörtschach am Wörthersee, 90 Punkte

Quelle: www.falstaff.at, 2023

A LA CARTE

Die Forelle, Weissensee, 95 Punkte

Hubert Wallner Gourmet Restaurant, Dellach-Maria Wörth, 95 Punkte

Bärenwirt, Hermagor, 88 Punkte

Moritz, Grafenstein, 88 Punkte

Caramé, Velden am Wörthersee, 87 Punkte

Das Lilienberg, Tainach, 86 Punkte

Sicher, Tainach, 86 Punkte

Frierss Feines Haus, Villach, 84 Punkte

La Torre Ristorante, St. Veit an der Glan, 84 Punkte

Trippolt Zum Bären, Bad St. Leonhard, 82 Punkte

Quelle: https://alacarte.at, 2023

Wir beziehen uns auf die Bewertungen, die im März 2023 verfügbar waren.

Das ist Slow Food Kärnten

Wir sind viele. Und viele können viel bewegen. Genau das tut Slow Food Kärnten, ein echter Vorreiter mit großem Netzwerk aus einzelnen Gemeinschaften. Und jede von diesen engagiert sich in ihrem ganz speziellen Bereich.

Wir stellen fünf vor →

Alle diese Projekte stehen unter der Ägide von unserem Verein Slow Food Kärnten. Dank des tatkräftigen Teams und seinem Obmann Gottfried Bachler geht die gemeinsame Reise auch zügig weiter, neue Projekte werden entwickelt, bestehende Initiativen ausgebaut. Wir krempeln unsere Ärmel auf. Weil das unser Kärnten bereit für eine genussvolle Zukunft macht. Und weil wir finden, um es mit Slow Food Gründer Carlo Petrini zu sagen, dass alle Menschen ein Recht auf gute, saubere und faire Lebensmittel haben. ***www.slowfood-kaernten.at***

Die **Cook's Alliance** oder **Bündnis der Köche** fördert das Kochhandwerk in Kärnten und bringt neue Wertschätzung für diesen Berufszweig. So werden fast vergessene Nutzpflanzenarten, seltene Haustierrassen und auch alte Verarbeitungsmethoden wiederentdeckt. Dazu fördert das Bündnis die Vielfalt auf dem Acker, im Garten und im Stall und sorgt so für mehr Abwechslung auf dem Teller.

Slow Food Travel Regionen wurden zum weltweit ersten Mal im Pionierland Kärnten umgesetzt. So gibt Kärnten sein wertvolles Wissen über kostbare Lebensmittel auch an seine Gäste weiter – mittlerweile in drei Slow Food Travel Regionen, bei Workshops und Verkostungen. Schauen Sie doch den Lebensmittelhandwerkern und Köchen über die Schulter und packen Sie selbst mit an bei der Herstellung von Speck und Käse, Bier und Wein etc.

Die **Slow Food Villages,** die Orte des guten Lebens, setzen sich für die Zusammenarbeit von Landwirtschaft, Gastronomie, Schulen und Kindergärten in der Gemeinde ein, entwickeln gemeinsame Projekte, bringen neuen Schwung in das Dorfleben und auf die Marktplätze.

In **Slow Food Schulen** wird der Wert echter Lebensmittel an die nächsten Generationen weitergegeben.

Slow Food Presidi sind besonders schützenswerte Lebensmittel. Produkte, die selten geworden sind, daher wird die Herstellung und Veredelung nachhaltig gesichert und das Wissen darüber weitergegeben.

SLOW FOOD TRAVEL

LESACHTAL, GAILTAL, GITSCHTAL UND WEISSENSEE

In den Küchen, Selchkammern, Reifekellern, an den Bienenstöcken, Brotbacköfen oder den Kornmühlen – diese Reisen zu den Ursprüngen des guten Geschmacks eröffnen neue Sichtweisen und feinste Geschmackserlebnisse! Gemeinsam mit unseren Lebensmittel-Handwerkern vom Konsumenten zum Co-Produzenten werden: Wer selbst Butter gerührt, Teig geknetet, Kärntner Nudeln gekrendelt oder Wildkräuter gesammelt hat, genießt anders. Bewusster. Erfährt beim Verkosten, wie die regionalen Spezialitäten schmecken und kann viele davon zur Erinnerung mit nach Hause nehmen.

Kontakt & Buchungsadresse

NLW Tourismus Marketing GmbH
T +43 4282 3131 | E info@nlw.at

Weitere Erlebnisse und Reiseangebote finden Sie unter **www.slowfood.travel**

Peintnerhof
Andrea Unterguggenberger
Niedergail 3, 9653 Liesing/Lesachtal
T +43 4716 273, www.peintnerhof.at

BLÜHENDE TRÄUME AUF DEM AUSZEITHOF

Fröhliche Menschen, glückliche Schafe, ein ganzheitliches Gesundheitskonzept: Der Peintnerhof schöpft aus der traditionellen Landwirtschaft und der Weiterentwicklung vom guten Alten zum guten Neuen. Die Philosophie des Auszeithofs: von der Anspannung zur Entspannung. Dabei spielt auch der Mohn eine Rolle – nicht zuletzt bei den Lesachtaler „Stockblattlan".

Verschiedene Angebote, etwa „Gesundheitsfördernde Fastenwoche", ab € 742,- pro Person

Weitere Angebote unter **www.slowfood.travel**

Biermanufaktur Loncium
Mauthen 60, 9640 Kötschach-Mauthen
T +43 664 88 941 055, E bier@loncium.at
www.loncium.at

AUSGEZEICHNETE CRAFTBIER-BRAUER SETZEN AUF BIO

Viel mehr als nur Hopfen und Malz – in der Biermanufaktur Loncium werden auch Brotbier und andere obergärige Biere, oft mit regionalen Zutaten, hergestellt. Was zwei ehemalige Weltenbummler aus einer Laune heraus begannen, ist heute ein Kreativort für ausgefallene Craft-Biere – wovon ein guter Schluck überzeugt.

Brauereiführung mit Bierverkostung und 6er Träger gemischtes Bier: € 35,-

Termine, Preise und Online-Buchung unter **www.slowfood.travel/erlebnisse**

Baumschule „Fruchttrieb"
Kreuth 11, 9640 Kötschach-Mauthen
T +43 664 75041 506, E baumschule@fruchttrieb.at, www.fruchttrieb.at

SO SCHMECKEN DIE ECHTEN, ALTEN OBSTSORTEN

Ein kleines Vielfaltsreich mit über 170 Obstsorten hat Philipp Bodner hoch über Kötschach geschaffen. Alle Bäume wurden aus Edelreisern von Streuobstwiesen der Region gezogen. Bei einem Spaziergang gibt es wertvolle Tipps über die Pflege der Obstbäume und die einzelnen Sorten. Die je nach Jahreszeit verfügbaren Obstsorten werden natürlich auch verkostet.

Alte Obstbaumsorte neu kultiviert € 30,-

Termine, Preise und Online-Buchung unter **www.slowfood.travel/erlebnisse**

SLOW FOOD TRAVEL

MITTELKÄRNTEN

Magisch sind nicht nur die Momente am idyllischen Längsee, wo das ehrwürdige Kloster Längsee seit mehr als 1.000 Jahren zur friedvollen Einkehr lädt und an dessen Hängen wieder Wein gekeltert wird. Der Zauber des Lebensbereichs zwischen dem waldigen Metnitztal und dem weiten Zollfeld, zwischen der hoch auf den Felsen trohnenden Märchenburg Hochosterwitz, dem romantischen Schloss Moosburg und der historischen Altstadt von Althofen ist auch in Küchen und Kellern zu entdecken. Neben kulinarischen Gaumenfreuden und traditionellem Handwerk findet sich immer wieder Überraschendes – etwa der Neubau einer mittelalterlichen Burg oder Kochkurse mitten im Gemüsegarten!

Kontakt & Buchungsadresse

Tourismusregion Mittelkärnten GmbH
T +43 4212 45 608
E office.tourismus@mittelkaernten.at

Weitere Erlebnisse und Reiseangebote finden Sie unter www.slowfoodtravel.info

Genussschmiede Taupe
Unterer Platz 4
9300 St. Veit an der Glan
E taupe@aon.at
T +43 4212 30777

WERDEN SIE „MASTER OF REINDLING"!

Zuckerreinkerl, Reindling und Co stehen beim Backkurs von Harald Taupe im Rampenlicht. Gezeigt und gelernt wird, wie aus einfachen Zutaten ein herrlicher Germteig zubereitet und in weiterer Folge daraus ein Reinkerl gebacken wird. Verbringen sie einen netten Nachmittag in geselliger Runde und lernen Sie, diese Köstlichkeit zuzubereiten und zu genießen.

Infos zur Teilnahme:
Preis: € 89,-
Termine 2023: 16. März, 30. März, 20. Oktober, 9. November, jeweils von 13:00–17:00 Uhr

---

Weingut Georgium
Längseestraße 9
9313 St. Georgen am Längsee
E office@georgium.at

DER PINOT VOM LÄNGSEE

Ökologische Traubenproduktion, Spontanvergärung auf der Maische, keine Schönung oder Filtration, so wenig Schwefel wie möglich: Aus der Philosophie von Uta Slamanig und Marcus Gruze resultiert Wein, wie er schon seit 1.000 Jahren gemacht wird. Die Entdeckungsreise in den lebendigen Weinberg führt sie an den Entstehungsort des „Pinot vom Längsee".

Infos zur Teilnahme:
Preis: € 35,- pro Person
Termine 2023: 15. Juni, 13. Juli, 10. August, jeweils von 17:00–19:00 Uhr

---

Pfau Brennerei GmbH
Schleppeplatz 1
9020 Klagenfurt am Wörthersee
E info@pfau.at, T +43 463 440266

GENUSSERLEBNIS PFAU BRENNEREI

100 Prozent Natur in „höchstgeistiger Form". Einen Brand und den Prozess mit Produkten vom Marktplatz Mittelkärnten miterleben. Neben der Geschichte und der Philosophie erleben sie den Brennvorgang in der Brennerei. „Wer hervorragende Produkte aus der Region durch hochwertige Verarbeitung veredelt, kann den Menschen die reiche Vielfalt der Natur näher bringen", so Valentin Latschen.

Infos zur Teilnahme:
Preis: € 55,-
Termine 2023: 22. Juni, 3. August, 14. September, jeweils ab 17:00 Uhr

SLOW FOOD TRAVEL
LAVANTTAL

Bei Bauern direkt auf dem Hof erlesene Produkte verkosten, in den vielen Läden mit regionalen Erzeugnissen und auf den Bauernmärkten stöbern oder auf einer Radtour bei einem der zahlreichen Slow Food Produzenten einkehren. Das Lavanttal lädt zu kulinarischen Entdeckungen rund ums Jahr ein. Spargel und Erdbeeren, zarte Saiblingsfilets oder deftige Räucherforellen, duftender Knoblauch, gesundes Walnussöl und kreative Kräuterprodukte – nicht umsonst heißt das Tal das Paradies Kärntens. Inklusive zahlloser Apfelbäume, die im Frühling als weißes Blütenmeer und deren Früchte im Herbst als perlender Most die Gäste erfreuen.

Kontakt & Buchungsadresse

KSL Tourismus Marketing GmbH
Klopeiner See – Südkärnten – Lavanttal GmbH
Regionsbüro Lavanttal
T +43 4352 2878
E info@region-lavanttal.at
www.region-lavanttal.at

Weitere Erlebnisse und Reiseangebote finden Sie unter www.region-lavanttal.at/slowfood

Fräulein Maiers Kräuterei
Rabensteingreuth 3, 9473 Lavamünd
Frl.Maiers@gmx.at, T +43 650 5562279
Facebook: Fräulein Maiers Kräuterei

WOHLTUENDE WALDZEIT

Tauchen Sie ein in die wunderbare Waldatmosphäre: Die Luft riecht würzig, das Licht tanzt über den bemoosten Waldboden, die Baumwipfel rauschen sacht im Wind und der Boden federt auf angenehme Weise mit jedem Ihrer Schritte. Das Leben als solches wahrzunehmen, zu schätzen und zu genießen, dazu lädt Fräulein Maier ein. Sehr beliebt sind auch die Kräuterwanderungen sowie das Wandererfrühstück von Fräulein Maier.

Infos zur Teilnahme:
Verschiedene Angebote wie z. B. „wohltuende Waldzeit" € 75,- pro Person.

Weitere Angebote unter
www.region-lavanttal.at/slowfood

Weinhof vlg. Ritter
Loschental 8, 9470 St. Paul
T +43 680 3027100
wein@vulgoritter.at, www.vulgoritter.at

LAVANTTALER WEIN – BUSGRUPPENERLEBNIS

Etwas erhöht am sonnigen Südhang des Josefsbergs, eingebettet in den Weingärten, liegt der Weinhof vlg. Ritter. Die Familie David serviert ausgezeichnete Weine, nicht nur im Geschmack, auch ausgezeichnet mit internationalen Preisen. In einer Weingarten- und Betriebsbesichtigung erfahren Sie nicht nur spannende Details über den Weinbau, es wird natürlich auch verkostet.

Infos zur Teilnahme:
Preis: ab € 27,-

Preise und Infos unter
www.region-lavanttal.at/slowfood

Trippolt Zum Bären
Hauptplatz 7, 9462 Bad St. Leonhard
T +43 4350 2257, www.baermut.at
www.zumbaeren.at

HOCH DIE GLÄSER! BÄRMUT: DIE GROSSE ERLEBNISVERKOSTUNG

Kosten. Probieren. Genießen. Lachen. Entdecken. Erleben. Entspannen. Eine BÄRMUT-Verkostung versprüht gute Laune und Lebensfreude. Das liegt am erfrischend-leichten Lifestyle-Aperitif der Trippolts. Das erwartet Sie: Bärmut Signature Drink, Trend-Cocktail, Sorbetto, Brioche mit Leonharder Rohschinken, viel Genuss, spannende Geschichten, gemütliche Wohlfühlatmosphäre.

Infos zur Teilnahme:
Preis: € 29,90 pro Person

Termine und Infos unter
www.region-lavanttal.at/slowfood

SLOW FOOD VILLAGE

ALBECK

Die Natur als Partner

Manchmal ist es von Vorteil, nicht mitten im Trubel zu sein: Die Gemeinde Albeck mit ihrem Hauptort Sirnitz liegt idyllisch in einem Seitental des Gurktals. Hier ist die Natur intakt, das Wasser sauber und mit den Schätzen der Natur wird achtsam umgegangen. Wanderungen und Ausflüge führen in die Nockberge und in das Naturschutzgebiet rund um den Gurk-Ursprung.

Treffpunkte für Neugierige

Der Meisterfischer aus Sirnitz: Im glasklaren Wasser aus der eigenen Quelle tummeln sich in der Fischzucht Payr Kärntner Låxn, Forellen und Saiblinge. Neben frischen Fischen gibt es Räucherforellen, gebeiztes Forellenfilet, Fischtatar, Aufstriche und manchmal auch Kaviar.

Es klappert die Mühle ... Der Mühlenwanderweg ist einen Ausflug wert: In der Sirnitzer Mühle wird wie seit Jahrhunderten Bio-Korn zu feinstem Mehl vermahlen. Ausgangspunkt ist der „Urhof Steiner", ein Bauernhof aus dem 18. Jahrhundert, in dem Bäurinnen manchmal Frigga und Almkaffee mit Reindling aufwarten. (Anmeldung: Mühlen-Obmann Rudolf Reiner, T +43 664 5333104).

Fixpunkt im Jahresablauf: Der Sirnitzer Jahrmarkt findet traditionell am zweiten Samstag im Oktober (14. Oktober 2023) statt. Zum fröhlichen Markttreiben gehört ein Kinderprogramm mit Streichelzoo.

SLOW FOOD VILLAGE

ARRIACH

Essen mit gutem Gewissen

Arriach, geografischer Mittelpunkt Kärntens. Das Herzstück sozusagen. Hier werden die veredelten Bauernprodukte direkt beim Wirt im Ort verkocht. Da kann man ein heimisches richtig saftiges Steak oder den gut gewürzten Arriacher Speck genießen.

Treffpunkte für Neugierige

In Mona's Kaufladen (ADEG), direkt auf dem Dorfplatz, befindet sich eine regionale Ecke. Wer wissen will, wo die Lebensmittel herkommen, kann nach telefonischer Vereinbarung die Produkte auch direkt ab Hof erwerben. Wie unter anderem beim Huabahof. Hier wird sehr viel Wert auf Handgemachtes gelegt, das schmeckt man auch in der „Huaba Hittn" auf der Gerlitzen: Dass der Topfen für den Strudel selbst gemacht ist, ist hier selbstverständlich. Claudia und Bernhard Trügler vom Gasthof Alte Point sind Slow Food Vorreiter, ausgezeichnet ist die Küche auch mit 2 Hauben. Wer Lust auf ein saftiges Steak hat, sollte unbedingt das hauseigene Angussteak beim Grabnerwirt probieren.

Entdeckungstour: Im Herbst können Sie mit Ihrer Erlebniscard durch Arriach wandern und bekommen Einblicke & Kostproben von unseren Bauern. Gerne wird auf Anfrage auch eine individuelle Entdeckungstour für Sie zusammengestellt. T +43 650 2424033

SLOW FOOD VILLAGE

BAD KLEINKIRCHHEIM

Bäuerliche Wurzeln

Sportliche Genießer haben es gut hier zwischen Berggipfeln und Thermalbädern im Biosphärenpark Nockberge: Die Dorfgemeinschaft hat auf ihre bäuerlichen Wurzeln nie vergessen und die nachhaltig regional produzierten Lebensmittel finden viele Abnehmer in der Gastronomie und Hotellerie.

Treffpunkte für Neugierige

Lust zum „Eineschaun und Mitmochn". Das Leben auf dem Bio- und Slow Food Bauernhof kennenlernen und an einer der wöchentlichen Hof(ver)führungen teilnehmen. ***www.kaernten.at/erlebnisse***

Hüttenromantik und Buschenschank. Ob auf der Holzveranda mit Blick ins Tal oder in der gemütlichen Holzkeusche – der Hübelbauer und die Jause mit selbst gemachtem Speck oder Ripperln aus dem Ofen sind einen Ausflug wert. In Trattlers Einkehr geht es bei Feuerschalen, Glühwein und zünftiger Musi romantisch zu.

Das muss man einfach probieren. Ohne chemische Zusätze mit dem Mehl aus der Region wird in der Bäckerei Weissensteiner gearbeitet. Neben klassischen Brotsorten finden sich auch feine Ciabattastangerln und ein Apfelkrapfen.

SLOW FOOD VILLAGE

BERG IM DRAUTAL

Vielfalt erhalten

Seit Generationen bauen die Bauern hier Erdäpfel, Dinkel und alte Maissorten an, der Wein auf der steilen Leitn über dem Dorf kam erst später dazu. Die Dorfgemeinschaft ist mit Begeisterung bei Slow Food dabei und engagiert sich vor allem für die kulinarische Bildung in der Volksschule und im Kindergarten.

Treffpunkte für Neugierige

Entdeckungstour. Bei einer Wanderung mit dem Slow Food Guide – zwischen Ostern und Allerheiligen einmal wöchentlich – ist viel zu entdecken: In der **Buschenschenke Hupfa** gibt's ein Glasl Wein, auf dem **Blasibauer-Hof** werden Sirupe und Marmeladen verkostet, der **Binterhof** lockt mit Speck und auf dem **Långnerhof** leben alte Tierrassen. ***www.nationalpark-hohetauern.at/kulinarik***

Highlights des Jahres. Das Berger **Slow Food Genussfrühstück** (24. September) ist etwas ganz Besonderes: Dabei kommt alles – außer Kaffee und Zucker – aus dem Dorf. Beim **Ostermarkt** (1. April) geht es um die traditionelle Kärntner Osterjause. Der **Bauern- und Kunsthandwerksmarkt** (21. Juli und 4. August) findet bei der Brunner Mühle statt und beim **Adventmarkt** (8. Dezember) wird romantisch mit Glühmost gefeiert.

SLOW FOOD VILLAGE

IRSCHEN

Tradition seit Jahrhunderten

Das kleine Bergdorf im Oberen Drautal ist Vorreiter in Sachen Slow Food. Schon lange hegen und kennen die Bewohner die besonderen Kräfte der Pflanzen und pflegen den bewussten Umgang mit allen Lebensmitteln. Ihr Wissen geben sie gerne weiter. Schließlich geht es um den Erhalt alten Kulturerbes und regionaler Vielfalt.

Treffpunkte für Neugierige

In der **„Offenen Kochwerkstatt“** führen Workshops und Vorträge durch die „Schatzkammer Bauerngarten“ – von Permakultur bis hin zu Ernte & Verarbeitung.

Einen **„Mühlentag“** kann man bei der wasserbetriebenen Baierle Mühle mit Müller Martin erleben. Weitere Information unter: ***www.slowfood-irschen.com***

Beim **Slow Food Bauernmarkt** am ersten Samstag im Oktober gibt es Frühstück von der Landjugend und Irschner Produkte zu kaufen.

Tipps für den Urlaub in Irschen

Im PfarrStadel duftet es nach handgefertigten Kräuterprodukten, die man dort auch erwerben kann. Wunderbare Wanderungen führen zu bewirtschafteten Almen. Geheimtipp: Irschner Talggen im Café Liebstöckl kaufen – ein fast vergessenes Getreideprodukt.

SLOW FOOD VILLAGE

MILLSTATT

Erlebnis am See und auf der Alm

Das malerische Dorf am glitzernden See und dahinter die Berge – schöner kann Sommerfrische kaum sein. Doch Millstatt hat mehr zu bieten als Schwimmen und Wandern. 20 Slow Food Mitglieder engagieren sich für eine nachhaltige Landwirtschaft.

Treffpunkte für Neugierige

Selber Hand anlegen. Familie Sichrowsky lädt etwa jeden Freitag von Juni bis September zum Netzfischen. **„Mein erster Fang"** – ein Highlight für Kinder! Und beim **Almerlebnistag** auf der Lammersdorfer Alm (Donnerstag zwischen 20. Juli und 24. August) wird gemeinsam Frigga gekocht. (Infos: ***www.kaernten.at/erlebnisse)***

Schmankerln entdecken. Regionale Köstlichkeiten werden beim **Slow Food Frühstück** auf der Alexander Alm serviert. Auch in der Buschenschenke sind sie zu verkosten und kulinarische Mitbringsel finden sich beim **Slow Food Herbstfest** am 23. September und das ganze Jahr über in unseren SB-Genussläden.

Noch ein heißer Tipp

Ab Mai 2023 gibt's die neue Nudelkreation **„Millstätter Juwelnudl"** exklusiv im „Bauernschmaus Häusl" und in der „Schatzkammer"!

SLOW FOOD VILLAGE
NÖTSCH

Mit Herz und Überzeugung

Alte Handwerkstradition und Wissen um gesunde Ernährung sind Eckpfeiler der Slow Food Bewegung in Nötsch. Dank der regionalen Landwirtschaft, die auf den bewussten Umgang mit den natürlichen Ressourcen achtet, werden hochwertige Lebensmittel produziert.

Treffpunkte für Neugierige

Von Almkäse und Speck. Um Gutes aus der Region zu finden, gibt es viele Möglichkeiten. Etwa direkt bei den Bauern einzukaufen oder beim Adeg Kovsca vorbeizuschauen: Der Nahversorger arbeitet eng mit regionalen Lieferanten zusammen.

Gemeinsam genießen. In Labientschach präsentieren beim Bauernmarkt Produzenten aus der Umgebung ihre Spezialitäten: Ein fixer Treffpunkt für Einheimische und Urlauber. (Restaurant Tarmann, jeden Dienstag im Juli und August von 19:00–22:00 Uhr)

Museum mit duftendem Brot. Gleich neben der Backstube beim Wiegele findet sich das Museum des Nötscher Kreises. Beide sind unbedingt empfehlenswert!

SLOW FOOD VILLAGE

OBERVELLACH

Genuss mit allen Sinnen

Die Jugend ist den Obervellachern ein großes Anliegen: Durch gesunde und wertvolle einheimische Lebensmittel sollen Arbeitsplätze geschaffen und so der Abwanderung entgegengewirkt werden. Interessant, auch für Besucher!

Treffpunkte für Neugierige

Treffpunkt Hauptplatz. Draußen sitzen, Freunde treffen und gut essen: Das ist die **Marktzeit** in Obervellach (Donnerstag zwischen Juli und September ab 18:00 Uhr). Am Hauptplatz lockt auch das **„Tauernfenster"** mit biologischen Lebensmitteln und Kunsthandwerk.

Jausnen und genießen.

Für den Speck und die Salami vom **Bauernladen Walter** in Räuflach kommen die Leute von weit her. Regional und kulinarisch verwöhnt wird man auch bei der **Grillkunst** am Hauptplatz und im **Genussstüberl** im Erlebnisbad.

Weinwanderung und Kreiterhex. Der Weingarten **GrafenBERGERin**, der höchstgelegene Kärntens, ist bei einer geführten Wanderung mit Slow Food Verköstigung zu entdecken. Kräuterführungen finden auf dem Kräuterlehrpfad statt und bei der Kreiterhex Miri erfährt man beim Kochkurs und Räucherworkshop viel über altes Wissen.

www.nationalpark-hohetauern.at/kulinarik

SLOW FOOD VILLAGE

SEEBODEN

Ein Ort guten Lebens

Genuss mit Verantwortung wird in Seeboden großgeschrieben. Das Bewusstsein für Lebensmittel und eine Änderung des Konsumverhaltens im Sinne der Slow Food Bewegung wird von den Einheimischen gelebt und an die Gäste weitergegeben.

Diese Termine sollte man nicht versäumen

13. Mai: Slow Food Saisonauftakt. Jeden Freitag gibt es einen **Landmarkt** und von Juni bis Sept. findet jeden Dienstag eine **Slow Food Kräuterwanderung** statt. Am **13. August** und am **3. September** gibt es die **Frühstückstafel** auf der Seenixe. Am **16. September** wird das **Strudlfest** im Blumenpark gefeiert.

Oben auf dem Berg und unten am See: Kärntner Gemütlichkeit bieten die Pichlhütte und Sommereggerhütte mit Grantngugelhupf, Reindling, Kasnudeln, Brettljause und Kaiserschmarrn. Interessant: die Milchgenusshütte der Familie Schneider mit Hofkäserei. Buchbare Erlebnisse: **Abenteuer auf dem Bauernhof** und bei **Petris Fischgenuss**. ***www.kaernten.at/erlebnisse***

Nicht nur für Vegetarier. Gemüse, Kräuter, Blumen – ein Besuch im **Bio-Gemeinschaftsgarten Trasischk** im Ortsteil Treffling ist ein Geheimtipp. Eigenen Seebodner Wein gibt es von unserem **Weingärtner Gerhard Unger** in Treffling in der Weinzeit im Uhrhaus.

SLOW FOOD VILLAGE

ST. DANIEL

Alle ziehen an einem Strang

St. Daniel war sozusagen das Basislager für die erste Slow Food Travel Region der Welt im Gailtal. Viele der Gründungsmitglieder leben hier und vom Bio-Produzenten bis zum Geschäft und der Gastronomie gehen alle seit Jahrzehnten konsequent den nachhaltigen Weg. Ihr Ziel: St. Daniel zu einem Ort des guten Lebens zu machen.

Treffpunkte für Neugierige

Lebensmittelhandwerker. Gut 15 Bauern aus dem Dorf und der Umgebung, darunter viele Bio-Betriebe, liefern ihre Produkte ins **„G'schäft St. Daniel"**. **Slow Food Frühstück** gibt es im Gasthof Grünwald und im Biohotel Daberer.

Slow Food Erlebnisse. Einfach ausprobieren: Lukas Zankl zeigt wie verschiedene Käse entstehen und selbst darf man bei der **Herstellung von Frischkäse** Hand anlegen, Ingeborg Daberer gibt gute Tipps für künftige **Kärntner Nudel-Krendel-Weltmeister** und Gerlinde Weger stellt auf ihrem Bergbauernhof nicht nur ausgezeichnete Bio-Produkte her und lässt sich beim Brotbacken über die Schulter schauen – Gäste können auch bei der Stallarbeit und dem Füttern der Tiere helfen.
www.urerlebnisse.at/de/bio-bergbauernhof-weger

SLOW FOOD VILLAGE

ST. PAUL IM LAVANTTAL

Botschafter der Region

Im Herzen der Slow Food Travel Region Lavanttal verfügt der Ort über ein weitverzweigtes Netz an Produzenten. Mit dem Benediktinerstift lassen sich dabei Kultur, Kulinarik und Genuss auf eindrucksvolle Art und Weise miteinander verbinden. Die vielfältigen Kostbarkeiten und Schätze der Region spiegeln den Slow Food Gedanken wider und tragen wesentlich zur Bewusstseinsbildung der Generationen bei.

Treffpunkte für Neugierige

Zentraler Marktplatz. Der „Genussladen St. Paul" gibt einen guten Überblick der regionalen Kostbarkeiten. Schmankerln der Bauern finden sich auch beim monatlich stattfindenden „St. Pauler Genussplatz" (1. Donnerstag im Monat). Einzigartig ist das „St. Pauler Knoblauchfest" (17. Juni). ***www.hausderregion.at***

Ein Prost auf den Most. Das Lavanttal ist berühmt für seinen Most, der nicht nur bei der jährlichen „Mostbarkeitenmesse" im Zogglhof (6. und 7. Mai) verkostet werden kann. ***www.mostbarkeiten.at***

Auf ins Kloster. Ein echter Geheimtipp ist der Klosterladen im Stift. Handgemachtes Räucherwerk, selbst gebrannte Schnäpse und Weine vom klostereigenen Weingut finden sich dort. ***www.stift-stpaul.at***

SLOW FOOD PRESIDI

Was ist das?

Die Nahrungsmittelindustrie hat gezeigt: Ein Richtungswechsel muss her. Eine Rückkehr zu händisch und in kleinem Rahmen hergestellten Lebensmitteln. Mit unverfälschtem Geschmack, in herausragender Qualität und zu fairen Bedingungen für die, die sie produzieren. Sorgfältig, aufwändig, tiergerecht, umweltfreundlich – viel überliefertes Handwerk, viele Naturprodukte sind vom Verschwinden bedroht. Slow Food will diese wohlschmeckenden Traditionen bewahren. Als Slow Food Presidio steht daher jeder dieser nachhaltigen, kulinarischen Schätze unter ganz besonderem Schutz.

www.slowfood-kaernten.at

PRESIDIO LESACHTALER BROT

DIE HERAUSFORDERUNG ALS TUGEND

Seine Abgeschiedenheit ließ das Lesachtal zum Selbstversorger und zum „Tal der 100 Mühlen“ werden. Der lokal angebaute Weizen und Roggen, die Mühlen und ihr einzigartiges Produkt, das Lesachtaler Brot, wurden bereits 2018 in die Slow Food Presidi Liste aufgenommen. Heute wird vermehrt Getreide ohne chemischen Dünger und Pflanzenschutz angebaut und gemahlen, die historischen Mühlen mahlen wieder, und die Lesachtaler Brotbäuerinnen geben ihr Wissen um Sauerteig, Korn und Backzeit gern an Slow Food Travel Gäste weiter. ***www.slowfood-kaernten.at***

PRESIDIO KLETZENBIRNE

ALTE BIRNBÄUME AUF STREUOBSTWIESEN

Dieses Bild, das die Region im und ums Gailtal seit Jahrhunderten prägt, wurde mit dem weltweit ersten grenzüberschreitenden Presidio in der Region Kärnten-Friaul-Slowenien 2022 vor dem Verschwinden bewahrt.
Die Kletzenbirne – dazu zählen gut 20 Sorten – ist eine köstliche Diva, sie muss händisch aufgelesen werden, dann nachreifen und eignet sich traditionell zum Dörren, etwa als Fülle für die typischen Kärntner Kletzennudeln, für Schnaps und Likör. Zur Blütezeit eine Augen- und Bienenweide, im Herbst ein Gaumenschmaus.

SLOW WINE IN KÄRNTEN

In Zusammenarbeit mit Slow Food Kärnten wurde die Slow Wine Coalition Kärnten gegründet. Die Winzer arbeiten nach strengen Kriterien für achtsamen Weinbau und sind auch Teil des weltweiten Netzwerkes der Slow Wine Coalition.

„Slow Wine ist Wein von qualitätsbegeisterten Winzerinnen und Winzern, die ihre Weine unter Einbeziehung der Umwelt, des Klimas und der territorialen Identität keltern. Sie geben ihren Weinen Zeit zum Reifen, diese Komplexität verspürt man am Gaumen!"

Ingrid Bachler, Weinakademikerin & Sommelière

DAS SLOW WINE COALITION MANIFEST UMFASST FOLGENDE PUNKTE:

- Jeder Wein besteht zu mindestens 70 % Trauben aus Eigenanbau
- Kein Einsatz von Herbiziden
- Ressourcenschonende, nachhaltige Weinerzeugung
- Nachhaltige, umweltgerechte Errichtung der Kellereien
- Der Wein bekommt die Zeit, die er zum Reifen braucht
- Einhaltung der EU-Grenzwerte von Sulfiten für Bio-Wein
- Die Weine spiegeln im Geschmack ihre Region wider
- Die Weine sind frei von Fehlern, ihre Qualität wird kommissionell geprüft
- Winzer arbeiten fair mit der regionalen Landwirtschaft und ihren Mitarbeitern zusammen
- Man teilt Fachwissen, nutzt Synergien
- Winzer arbeiten im Sinne der Biodiversität einer Region

Diese Winzer und Winzerinnen gehören zu den Initiatoren von Slow Wine in Kärnten und arbeiten schon jetzt nach den Slow Wine Kriterien.

Weingut Karnburg

Slow Food Travel

Georg Lexer und Sem Kegley
9063 Klagenfurt am Wörthersee
Leiten 6
www.leiten.eu

Am Südhang des Ulrichsberges in feiner Sonnenlage wachsen die Reben von Sem Kegley und Georg Lexer. Mit viel Ruhe und Geduld für natürliches Wachstum schaffen sie herrliche, fruchtbetonte Tropfen, die vor Ort im Zwei-Hauben-Lokal Leiten ins Glas kommen.

Weingut Georgium

Slow Food Travel

Markus Gruze und Uta Slamanig
9313 St. Georgen am Längsee
Längseestraße 9
www.georgium.at

Die pure Essenz von Traube und Ort einzufangen, ist der Anspruch. Der Fokus liegt auf Chardonnay, Weiß- und Grauburgunder sowie Pinot Noir. Probieren kann man die biodynamischen Weine bei Verkostungen oder im angedockten Kulinarium.

„Im Einklang mit der Natur Großartiges erschaffen", das ist Alexander Eggers Credo. In seinem Weinberg zogen schon die Römer ihre Reben, heute entstehen hier auf 4,5 Hektar vielbeachtete charakterstarke Tropfen. Verkostung und Verkauf ab Hof.

Sternberg Wein

Weinbaubetrieb
Familie Egger
9241 Wernberg
Feldweg 6
www.sternberg-wein.at

Von der Lese bis zum Füllen der Flaschen wird jeder Arbeitsschritt auf dem Weinhof von der Winzerin und ihrer Familie selbst erbracht. Ihre Weine wie Chardonnay, Sauvignon Blanc und Pinot Noir sind vielfach ausgezeichnet und werden ab Hof verkauft.

Weinhof vulgo Ritter

Slow Food Travel · Slow Food Village

Sabine David
9470 St. Paul im Lavanttal
Loschental 8
www.vulgoritter.at

Bier aus Kärnten

Viel Zeit. Gute Zutaten. Kreativität und Mut für Neues. Bier ist im Süden eine Frage der Haltung. Bitte hier entlang für einen bunten Streifzug durch Kärntens kleine und große Brauereien.

Kärntner Brauereien mit besonderem Slow Food Bezug:

Privatbrauerei Hirt

Slow Food Travel

9322 Micheldorf
www.hirterbier.at

Hier hat das Bier Zeit zum Reifen: Die Privatbrauerei Hirt trägt als eine von vier Brauereien Österreichs das Slow Brewing Gütesiegel, das die Qualität der Rohstoffe, der Brauweise und der Unternehmensführung bewertet.

Wimitzbräu Privatbrauerei

Slow Food Travel

9311 Kraig

Der Natur nichts hinzufügen, dem Bier nichts Natürliches nehmen, so lautet die Brauerei-Philosophie. Auf Anfrage werden Führungen mit Verkostungen durch die kleine Brauerei im Wimitzgraben angeboten.

Gelter Bräu

Slow Food Travel

9300 St. Veit an der Glan
www.wirtshaus-gelter.at/gelter-braeu

Naturbelassen, nach dem Reinheitsgebot, ungefiltert. Das sind die Merkmale der Biere dieser Wirtshausbrauerei. Mehr über die Kunst des Bierbrauens verrät Christian Gelter bei Führungen und Braukursen (auf Anfrage).

Biermanufaktur Loncium

Slow Food Travel

9640 Kötschach-Mauthen
www.loncium.at

Eine der innovativsten und „craftigsten" Kleinbrauereien Österreichs – und das seit mehr als 15 Jahren. Hier werden zwölf Biersorten sowie saisonale Spezialitäten gebraut, die bei Führungen verkostet werden können.

Weitere Kärntner Brauereien:

Halle Bräu Privatbrauerei
9555 Glanegg, www.hallebräu.at

Schleppe Brauerei
9020 Klagenfurt am Wörthersee
www.schleppe.at

Brauerei Shilling
9545 Radenthein, www.shilling.at

Brauerei Katschbeer
9863 Rennweg, www.katschbeer.at

Gärage Brauerei
9800 Spittal an der Drau
www.the-satisfactory.at

Villacher Bier
9500 Villach, www.villacher.com

Turmbräu Melcher
9500 Villach
www.gaestehaus-melcher.at

Malle Biermanufaktur
9500 Villach
www.mallebier.at

Brauhaus Breznik
9150 Bleiburg
www.brauhaus.breznik.at

Mühlenbräu Oschenitzen
9100 Völkermarkt
Facebook: Mühlenbräu Oschenitzen

Brauerei Braumann
9103 Diex, www.braumannufaktur.at

Prewstone
9601 Arnoldstein
www.prewstone.com

Lindwurm Beer
9020 Klagenfurt am Wörthersee
www.lindwurm.beer

Möll Valley Brewery
9816 Penk
Facebook: Möll Valley Brewery

Carantana Brewery
9020 Klagenfurt am Wörthersee
www.carantana.beer

Valentin Latschen, Pfau Brennerei

Obst im Glas: Fruchtsäfte und Edelbrände

In den besten Schnapsbrennereien Kärntens geschieht tagtäglich ein Wunder: Hier wird der Geschmack vollreifer heimischer Früchte in ein edles, flüssiges Destillat übersetzt. Ein wahrlich sinnesübergreifender, zu hundert Prozent natürlicher Genuss. Ob Obstbrand oder Apfelwein, ob Gin oder Whisky, diese Produzenten brennen für Qualität!

Pfau Brennerei

Slow Food Travel

Valentin Latschen
9020 Klagenfurt am Wörthersee
Schleppe-Platz 1
www.pfau.at

Ein Schluck – und man wähnt sich unter duftenden Marillen- oder Apfelbäumen. Valentin Latschen erzeugt naturreinste Edelbrände. Interessierte lädt er in seinen Brennkeller gerne zur Verkostung.

Weberbrand

Edeldestillerie Weber
9072 Ludmannsdorf/Bilčovs
Selkach 10
www.vorderberg.at/edelbraende-weber

Sein „Hobby" wurde bereits vielfach prämiert: Franz Weber und seine Edelbrände stehen für exklusiven Genuss. Unter den 80 Sorten findet sich freilich auch sein Aushängeschild, der Himbeerbrand.

Schnapsbrennerei Adenberger

Liane Adenberger
9871 Seeboden am Millstätter See
Tangerner Straße 35
T +43 47 62 81 506

Neue Geschmackserfahrungen sind in der Brennerei von Liane Adenberger sicher, etwa beim Verkosten von Raritäten wie „Rote Rübe". Daneben warten 30 Sorten Schnäpse und Liköre, von A wie Apfel bis Z wie Zirbe.

Manufaktur Müller

Slow Food Travel

9462 Bad St. Leonhard
Hauptplatz 1
www.manufaktur-mueller.at

Birnen von über 100 Jahre alten Bäumen verarbeitet Herbert Müller zu seinem Birnenbrand. Ob Obstbrände, Whisky oder Gin, freitags und samstags steht die Manufaktur für Kenner edler Destillate offen.

Jesche First Class Destillerie

9541 Treffen am Ossiacher See
Winklerner Straße 14
www.destillerie-jesche.at

Diese Frau brennt dafür! Petra Petschar küsste die Destillerie Jesche wieder wach und sorgt mit ihren Edelbränden für großes Echo in der Szene. Ihr Gin erhielt 2021 den World Gin Award!

Mostbarkeiten

Hans Köstinger
9470 St. Paul im Lavanttal
Hundsdorf 2
www.mostbarkeiten.at

Wer hier eine Verkostung besucht, lernt: Gutes Obst kann so viel! Die reinsortigen Apfelweine und -säfte schmeicheln dem Gaumen, genauso wie die Liköre und Brände aus alten Sorten der Region.

Kärntens Bauernmärkte

Wer ein Land kulinarisch kennenlernen möchte, sollte die quirligen Wochenmärkte als Inspirationsquelle nutzen. An diesen Plätzen zeigt sich der Reichtum und die Vielfalt des Landes ungeschminkt. Hier treffen Landwirte, Bauern, Standler und Lebensmittelhandwerker aufeinander und präsentieren ihre unverfälschten und veredelten Kostbarkeiten. Oft gepaart mit einer interessanten Auswahl an heimischem Kunsthandwerk aus dem Alpen-Adria-Raum. Bei einem Marktbummel werden regionale und saisonale Besonderheiten auf einen Blick sichtbar. Interessante Gespräche mit den Standlern liefern Geschichten rund um alte Sorten und Züchtungen, Veredelungsmethoden und regionale Spezialitäten. Auch an hilfreichen Zubereitungs- und Verzehrtipps mangelt es nicht. Manche dieser Märkte verfügen auch über kreative, engagierte Köche und Wirte, wo Kärntner Schmankerln direkt verkostet werden können. Welch himmlische Paradiese!

Franz Klammer auf dem Benediktinermarkt in Klagenfurt.

Kärnten West

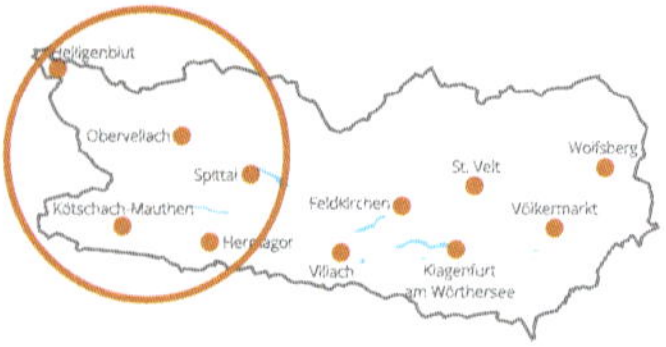

Berg im Drautal

Bauern- und Kunsthandwerksmarkt **FR**

Freitag, 21. Juli und 4. August, 16:00–20:00 Uhr

Kulinarisches von heimischen Direktvermarktern und Unikate von regionalen Künstlern.

Döbriach

Döbriacher Markt **DI**

Dienstags, Mai bis August 19:00–22:00 Uhr, September 18:00–21:00 Uhr

Der Sommertreffpunkt am Millstätter See! Mit bäuerlichen Produkten aus der Region, Speck- und Käsejause, Bauernbrot und Zupfkuchen aus Arriach und Hanfprodukte, Schnäpse, Kärntner Nudelspezialitäten, Alpen-Adria-Jause, Kunsthandwerk.

Gmünd

Kleiner Liesertaler Bauernmarkt **SA**

Samstag (außer wenn Feiertag), 8:00–11:30 Uhr

Regionale Produzenten bieten Erzeugungen aus der eigenen Landwirtschaft auf dem Rathausplatz an, z. B. Brot, Nudeln, Käse, Speck, Würste und Eier.

Hermagor

Bauernmarkt **SA**

Von Juli bis September jeden Samstag, 9:00–12:00 Uhr. In der restlichen Zeit jeden 1. und 3. Samstag im Monat, 9:00–12:00 Uhr

Heimische Bauern beleben den Wulfeniaplatz.

Obervellach

MarktZeit **DO**

Donnerstag, 6. Juli bis 7. September, ab 18:00 Uhr

Kulinarisches aus der Region.

Mölltaler Markttag **SA**

Samstag, Ende Mai bis Anfang Oktober, 9:00–12:00 Uhr

Regionale Produkte aus dem Mölltal sowie Unikate von heimischen Künstlern.

Radenthein

Radentheiner Stadtmarkt **FR**

Freitags, 14:30–19:00 Uhr

Rund 15 Marktfahrer sorgen mit frischen und regionalen Produkten für ein vielfältiges und authentisches Einkaufserlebnis.

Seeboden am Millstätter See
Landmarkt Seeboden auf dem Hauptplatz **FR**
Freitags Anfang Mai bis Ende September, ab 17:00 Uhr
Regionale Produkte, Kunsthandwerk, Zirben- und Honigprodukte.

Spittal an der Drau
Wochenmarkt Spittal **DO**
Jeden Donnerstag ganzjährig, wenn Donnerstag Feiertag, dann Mittwoch, ab 7:00 Uhr
Verkauf von regionalen, landwirtschaftlichen Produkten und ausgewählten Produkten aus dem Alpen-Adria-Raum.

Tröpolach
Bauernmarkt Tröpolach auf dem Kirchenplatz **FR**
Jeden Freitag von 18:00–21:00 Uhr während der Sommersaison von Mitte Juni bis Mitte September

Weissensee – Techendorf
Weissenseer Wochenmarkt – Kunsthandwerk & bäuerliche Produkte **DO**
Jeden Donnerstag von Ende Mai bis September, 9:00–12:00 Uhr
Im Weissenseehaus in Techendorf gibt es Speck, Käse, Honig, Seifen, Keramik, Schmuck und vieles mehr.

Kärnten Mitte

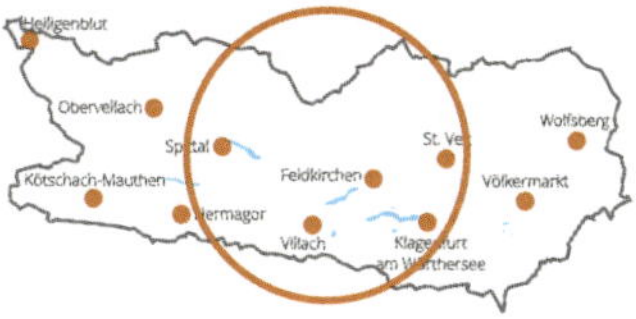

Althofen
Bauernmarkt **SA**
Samstag, 8:00–11:00 Uhr

Bad Kleinkirchheim
Bauernmarkt **FR**
Freitag, Mai bis September, 9:00–12:00 Uhr
Bauern aus der näheren Umgebung verkaufen ihre Produkte: Wurst, Kas, Brot, Speck, Marmelade, Honig, Handwerk und Kräuter.

Bodensdorf
Bauernmarkt Bodensdorf **MO**
5. Juni bis Anfang September, jeden Montag, ab 17:00 Uhr
Marktplatz in Bodensdorf.

Brückl
Bauernmarkt **SA**
1. und 3. Samstag, 8:00–12:30 Uhr
Bäuerliche Produkte aus der Region Mittelkärnten.

Keutschach
Keutschacher Sommer-Markt **MO**
Montags, 10. Juli bis 28. August, ab 17:00 Uhr
Schlossareal Keutschach.

Klagenfurt am Wörthersee

Benediktinermarkt MO–SA

Markthallen

Montag bis Samstag, 7:00–16:00 Uhr, Mittwoch, 7:00–14:00 Uhr.

Wochenmarkt

Donnerstag und Samstag, 6:00–13:00 Uhr.

Bio-Bauernmarkt

Freitag, 6:00–13:00 Uhr

Der Benediktinermarkt gilt nicht nur als kulinarisches Schaufenster der Alpen-Adria-Region, wo Lebensmittel und Veredeltes eingekauft und verkostet werden können. Hier gibt es auch beherzte Köche, die ein Einkehren lohnen. U. a. Kochwerkstatt, Zum IVO, Zuagrast, Bei Rudi's oder Teatro am Markt.

Wochenmarkt Waidmannsdorf MI, SA

Mittwoch und Samstag, 6:00–13:00 Uhr

Ehrliche Lebensmittel und schmackhafte Produkte aus der Umgebung.

Bauernmarkt Viktring FR

Freitag, 6:00–13:00 Uhr

Einkaufen bei Bauern aus der Region.

Krumpendorf am Wörthersee

Sommermarkt FR

Jeden Freitag von Mitte Mai bis August, 17:00–21:00 Uhr

Faak am See

Bauernmarkt DO

Donnerstag, 4. Mai bis 28. Sept. 2023, 17:00–22:30 Uhr

Der Faaker Bauernmarkt bietet seinen Besuchern seit 30 Jahren die Gelegenheit, ihre Vorräte an verschiedensten landwirtschaftlichen Produkten aufzufüllen. Zahlreiche Kärntner Schmankerln können verkostet werden.

Feldkirchen

Feldkirchner Wochenmarkt SA

Jeden Samstag (ausgenommen Feiertag), 8:00–12:00 Uhr

Spezialitäten von Bauern und Händlern aus der Region.

Ferlach

Ferlacher Wochenmarkt FR

Jeden Freitag ab 8:00 Uhr,

Hauptplatz Ferlach.

Himmelberg

Himmelberger Bauernmarkt FR

Mai bis Oktober, jeden 1. Freitag im Monat, 15:00–20:00 Uhr

Frische Lebensmittel direkt von den Erzeugern.

Launsdorf

Bauernmarkt FR

Freitag, 15:00–17:00 Uhr

Magdalensberg

Bauernmarkt FR

Jeder 2. Freitag, 14:00–18:00 Uhr

Moosburg

Bauernmarkt SA

Jeden 1. Samstag von März bis November, 8:00–12:00 Uhr

Ossiach am Ossiacher See

Bauernmarkt Ossiach **MI**

Mittwoch, Mai bis September, ab 17:00 Uhr
Ossiacher Biergarten.

Pörtschach am Wörthersee

Bauernmarkt **DO**

Jeden Donnerstag von Mitte Mai bis Mitte September, 17:00–21:00 Uhr

Reifnitz

Bauernmarkt **MI**

Jeden Mittwoch von Juni bis September, 17:00–21:00 Uhr

Schiefling

Osterbauernmarkt **FR**

Freitag 31. März

Bauernmarkt **DO**

Donnerstags, 11. Mai, 25. Mai, 8. Juni, 22. Juni, 6. Juli, 20. Juli, 3. August, /17. August, 31. August, 14. September und 28. September

Weihnachtsbauernmarkt **FR**

Freitag, 1. Dezember

St. Veit an der Glan

Bauernmarkt **MI, SA**

Mittwoch und Samstag, 8:00–12:30 Uhr
Viele regionale Köstlichkeiten. Von Gemüse über Fleisch und Brot bis Fisch.

Velden am Wörthersee

Wochenmarkt **DO**

Jeden Donnerstag (auch feiertags), 8:00–12:30 Uhr (ausgenommen Jänner)

Villach

Wochenmarkt **MI, SA**

Mittwoch und Samstag, 8:00–14:00 Uhr
Wichtige Nahversorger der Villacher – in der Markthalle, am Burgplatz und an der Draulände – regional erzeugt, hochwertig und vor allem g'schmackig.

Biomarkt **DO**

Freitag, 8:00–14:30 Uhr
Breites regionales und saisonales Angebot an Bio-Produkten und -Erzeugnissen rund um den Hans-Gasser-Platz.

Spezialitätenmarkt **DO**

Freitag, 8:00–14:30 Uhr
„Genussladen" mit heimischen Schmankerln in der Widmanngasse.

Laurentiusmarkt **MO**

14. August
Um die 130 Standler aus ganz Österreich und Italien beleben die Innenstadt. Der Laurentiusmarkt ist die älteste wirtschaftliche Veranstaltung Kärntens.

Kärnten Süd

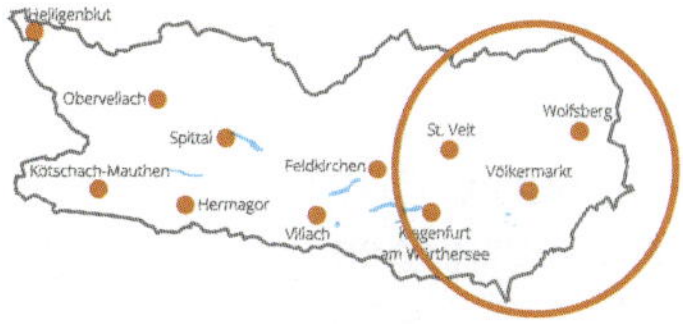

Bad Eisenkappel

Bauernmarkt **SA**

Samstag, 8:00–12:00 Uhr
Bauern bieten ihre landwirtschaftlichen Produkte an.

Frühjahrsmarkt DI
Dienstag 2. Mai, 8:00–17:00 Uhr
Traditioneller Krämermarkt mit regionalen und slowenischen Anbietern.

Sommermarkt MO
Montag, 3. Juli, 8:00–17:00 Uhr
Krämermarkt mit regionalen und slowenischen Produkten.

Simonimarkt SA
Samstag, 28. Oktober, 8:00–17:00 Uhr
Krämermarkt mit einer guten Auswahl an kulinarischen Spezialitäten aus Kärnten und Slowenien.

Bad St. Leonhard/ Gut Schloss Lichtengraben

Räucherfisch-Essen und Hofladen FR
Winter: Freitag, 10:00–15:00 Uhr
Sommer: Freitag, 10:00–18:00 Uhr
Mit Hofladen und Verkauf von Fischen und Fischprodukten (Slow Food). Ab 12:00 Uhr ofenwarme Räucherfische.

Bleiburg

Bauernmarkt DI
Dienstag, 8:00–12:00 Uhr
Der Hauptplatz wird zum Schaufenster für kulinarische Spezialitäten & Produkte aus der Region.

Eberndorf

Bauermarkt Gösselsdorfer See FR
26. Mai bis 29. September jeden Freitag, 17:00–21:00 Uhr
Die Bauernschaft aus dem Gemeindebereich von Eberndorf gibt eine Kostprobe ihrer Produkte.

Feistritz ob Bleiburg

Bio-Jungpflanzenmarkt SA
Samstag, 22. April, 9:00–15:00 Uhr
Heimische Biobauern bieten Bio-Produkte aus der Region an.

Ferlach

Ferlacher Wochenmarkt FR
Jeden Freitag um 9:00 Uhr
Hauptplatz in Ferlach.

Gallizien

Gallizianer Moarkt FR
Jeden 2. Freitag im Monat, ganzjährig (außer August), 15:00–20:00 Uhr
Regionale Produkte und kulinarische Spezialitäten aus der Region.

Griffen

Bauernmarkt SA
Jeden 1. Samstag im Monat außer Juli/August, 9:00–13:00 Uhr
Auf dem Kirchplatz bieten die Bauern der Region Fleisch und Wurstwaren, Mehle und Gebäck, Milchprodukte und einiges mehr an. Ebenfalls erhältlich: regionales Kunsthandwerk aus Holz und Keramik.

Reichenfels

Bauernmarkt Reichenfels SA
Samstag, 7:00–11:00 Uhr
Verkauf von bäuerlichen Produkten.

Sittersdorf

Bauernmarkt Sittersdorf SA
Samstag, 1. April, 3. Juni und 7. Oktober, ab 10:00 Uhr vor dem Gemeindeamt Sittersdorf
Direktvermarkter aus der Region bieten ihre Waren zum Verkauf und zum Verkosten an.

St. Andrä

Bauernmarkt St. Andrä **SA**

Samstag, 8:00–12:00 Uhr

Auf dem Rathausplatz findet sich ein vielfältiger Mix an bäuerlichen und handwerklichen Produkten aus der Region.

St. Kanzian am Klopeiner See

Bauernmarkt St. Kanzian am Klopeiner See **FR, DI**

Juni und September jeden Freitag, Juli und August jeden Dienstag und Freitag, 16:00–21:00 Uhr

Direktvermarkter aus der Region bieten ihre Waren aus heimischer Produktion zum Verkauf und zum Verkosten an der Norduferpromenade an.

St. Paul im Lavanttal

Genussplatz St. Paul **DO**

Jeden 1. Donnerstag im Monat, ab 16:00 Uhr

Auf dem Platz St. Blasien werden regionale Kulinarik und bäuerliches Handwerk angeboten.

St. Salvator

Bauernmarkt **FR**

Jeder 1. Freitag im Monat von Mai bis Dezember, ab 13:00 Uhr

Völkermarkt

Wochenmarkt **MI**

Mittwoch, 8:00–12:30 Uhr

Auf dem Hauptplatz präsentieren 25 Fieranten ein umfangreiches Angebot an bäuerlichen Produkten, Lebensmitteln, Bekleidung und Kunsthandwerk.

Frischemarkt **FR**

Freitag, 9:00–13:00 Uhr

Auf dem Frischemarkt auf dem Hauptplatz Völkermarkt mit einer kleinen aber feinen Produktpalette. Neben bäuerlichen Produkten werden u. a. frisches Obst, Gemüse, Käseprodukte, Imkereiprodukte, Nudelspezialitäten angeboten.

Biomarkt – Völkermarkt **SA**

Samstag, 13. Mai, 10. Juni, 8. Juli, 16. September

Bio-Genuss aus der Region und darüber hinaus mit zahlreichen Bio-Bauern.

Wolfsberg

Bauernmarkt Wolfsberg **DO, FR**

Donnerstag, 16:00–19:00 Uhr, Freitag, 8:00–13:00 Uhr

Vermarktungshalle, Klagenfurter Straße (neben Euco Center): Obst, Gemüse, Fleisch und Fleischprodukte.

Bauernmarkt Wolfsberg **FR**

Freitag, wenn Feiertag am Donnerstag, vormittags

Obst und Gemüse sowie Fleisch und Fleischprodukte aus regionaler Produktion und Herstellung.

KUKUMA **SA**

Samstag, 9:00–13:00 Uhr

Hoher Platz: Kulinarik-Kultur-Markt mit buntem Branchenmix aus regionalen Produkten, Kunst und Kultur, Livemusik und köstlichen Schmankerln.

Feste und unverfälschtes Brauchtum

Das Feiern mit Gesang und Tanz in Kombination mit dem Genuss kulinarischer Köstlichkeiten liegt den Kärntnern im Blut. Und so ist es nicht verwunderlich, dass die zahlreichen Brauchtumsfeste im Jahresverlauf oft auch einen kulinarischen Hintergrund oder einen kulinarischen Anlass haben. Die kulinarischen Feste quer durchs Land sind nichts Künstliches, nichts Aufgesetztes. Sie sind ein Anlass für Gastgeber, Gäste, Einheimische und Reisende, die Kärntner Kultur und Kulinarik intensiv zu erleben und die Gemeinschaft und Gastfreundschaft zu pflegen.
Und sie sind Aufruf zu einer Entdeckungsreise, mit unglaublich schmackhaften Schätzen und Überraschungen auf dem Weg.

FESTE UND UNVERFÄLSCHTES BRAUCHTUM

TERMINE IM ÜBERBLICK

März

18. und 19. März

Eberndorf. Josefimarkt: Der Josefimarkt verwandelt den gesamten Ortskern von Eberndorf in ein Marktgelände.

26. März

Bleiburg. Bleiburger Schinkenfest: Heimische Schinkenproduzenten präsentieren und verkaufen hier ihre prämierten Produkte: Von Schinken über Salami bis Würste. Die besten Zutaten für die Osterjause.

April

1 .April

Berg im Drautal. Ostermarkt im Slow Food Village Berg im Drautal. Alles rund um die Osterjause.

21. April

Radenthein. Granat-Tafel: Spargel-Zeit am Millstätter See: Mani Stadler zelebriert Köstliches vom Spargel und funkelnde Überraschungen auf den Spuren des Granatsteins. Mit nächtlicher Führung durch den Stollen der Erlebniswelt Granatium.

29. April

Micheldorf. Frühlingsfest vom Marktplatz Mittelkärnten auf dem Vorplatz der Brauerei Hirt.

Villach. Auftakt Küchenkult: Startschuss für ein Gourmetfestival der Sonderklasse!

Mai

19. Mai bzw. 11. Juni

Region Villach – Faaker See – Ossiacher See. Küchenkult: Ein Kulinarikfestivall mit Produktvielfalt des Alpen-Adria-Raums, wo traditionsreiche Gastlichkeit und kreatives Talent zusammentreffen. Berge, Seen und die Nähe zum Meer bilden die Basis für eine außerordentliche Produkt- und Küchenkultur.

1. Mai

Granitztal. Granitztaler Blütenwanderung: Wanderung mitten im Blütenmeer der Granitztaler Obstbäume mit kulinarischer Belohnung.

4. bis 7. Mai

Rund um den Wörthersee. See.Ess.Spiele: Die Vielfalt regionaler Produkte aus dem Alpen-Adria-Raum, zubereitet an den besten Genussadressen rund um den Wörthersee.

6. und 7. Mai
St. Paul im Lavanttal. Mostbarkeiten: Internationale Fachmesse für Most, Saft und Schnaps aus bäuerlicher Produktion.

7. Mai
Klopeiner See. Seekirchtag: Oldtimer-Trophy, Bieranstich, kulinarische Köstlichkeiten, Livemusik.

13. Mai
Seeboden. Slow Food Auftaktveranstaltung: Die Slow Food Gemeinschaft startet in die Saison mit kulinarischen Highlights und Musik, ab 14:00 Uhr auf dem Hauptplatz Seeboden.

Hermagor. Slow Food Grenzenlos – Markt des guten Geschmacks: Von 10:00–18:00 Uhr im Schloss Lerchenhof – Slow Food Markt mit Produzenten aus Kärnten, Friaul und Slowenien – Verkostung und Verkauf, Life-Cooking, Taste-Workshops und fachkundige Führungen.

Juni

2. Juni
Lavanttal. Weinblütenfest: Granitztal, Buschenschank Lippitz.

2. bis 4. Juni
Hermagor. Gailtaler Speckfest: Hermagor lädt alljährlich zum größten Volksfest rund um den Original Gailtaler Speck mit Musik und kulinarischen Genüssen.

7. bis 10. Juni
Weissenseer Cocktailtage

8. bis 11. Juni
Wolfsberg. Schönsonntagmarkt: Jahrmarkt mit vielen regionalen Produkten.

10. Juni
Guttaring. Nudelkirchtag: Fest der Kärntner Kasnudel und ihren „Verwandten".

16. bis 19. Juni
Klagenfurt. Alpen-Adria-Hafenfest: Die Wörthersee Ostbucht steht ganz im Zeichen des Alpen-Adria-Raums. Familien-Event mit „kulinarischer Meile".

17. Juni
St. Paul im Lavanttal. Knoblauchfest: Mit traditionellen und ideenreichen Gerichten rund um den Knoblauch und weitere Spezialitäten aus dem Lavanttal.

25. Juni
Ferlach. Alpen-Adria-Weinfest: Weine und Köstlichkeiten aus dem Alpen-Adria-Raum.

Juli

1. Juli
Obervellach. Alpen Kilt-Wanderung: Regionale Köstlichkeiten lassen Kilt-Wanderherzen höher schlagen.

1. und 2. Juli
Irschner Kräuterfestival. Der ganze Ort in Duft und Farbe. Führungen, Vorträge, Schaugarten und kulinarische Köstlichkeiten.

6. Juli bis 7. September
Obervellach. MarktZeit: Slow Food Village Obervellach zum Erleben und Verkosten, ab 18:00 Uhr. Regionale Spezialitäten und Livemusik.

7. Juli
Dellach im Drautal. Bauernmarkt mit Kurkonzert: Im Mittelpunkt stehen regionale Produzenten und die Slow Food Villages Berg und Irschen. Die musikalische Umrahmung steuern die Trachtenkapelle Dellach, die Dellacher Chöre und die Volkstanzgruppe bei.

9. bis 14. Juli
Feld am See. Fischgenuss-Woche: Regionaler Fisch trifft auf Livemusik.

15. Juli
Feld am See. Fischfest: Köstlichkeiten vom heimischen Fisch aus dem Millstätter See, Brennsee und Afritzer See sowie aus der Fischzucht Andreas Hofer in Feld am See.

21. Juli
Berg im Drautal. Bauern- und Kunsthandwerksmarkt bei der Brunner Mühle: Neben Produkten von Bauern und Künstlern aus der Region dürfen die Besucher auf das heimische Getränk „Holler Schneckerle" gespannt sein.

23. Juli
Feistritz ob Bleiburg. Anna Kirchtag auf der Petzen: Kirchtagsstimmung auf 1.700 Meter Seehöhe.

Feistritz ob Bleiburg. Almkirchtag Wackendorfer Alm: Stimmung und Unterhaltung in luftiger Höhe.

30. Juli bis 6. August
Villach. Villacher Kirchtag: Die Kirchtagssuppe mit Reindling ist nur eine der traditionellen Köstlichkeiten, die man unbedingt auf Österreichs größtem Brauchtumsfest gegessen haben sollte.

August

4. August
Berg im Drautal. Bauern- und Kunsthandwerksmarkt bei der Brunner Mühle: Neben Produkten von Bauern und Künstlern aus unserer Region dürfen die Besucher auf das heimische Getränk „Holler Schneckerle" gespannt sein.

5. und 6. August
Oberdrauburg. Kärntner Nudel-Fest: 20 Köchinnen bereiten „Kärntens liebste Speise" zu und laden zum Genießen.

5. August
Obervellach. Hof- und Kellerfest: Weine aus Österreich werden in den einzigartigen Höfen und Kellern der alten Bergbaustadt zur Verkostung angeboten.

11. bis 13. August
Hermagor. Honigfest: 20 Jahr Jubiläum: Neben den Verkostungen der Honigspezialitäten stehen u. a. auch Schaubienenhaus, Sumsi Spieleecke und Dronenstreicheln auf dem Programm.

11. bis 20. August
St. Andrä. Gackern: „Österreichs größter Hühnerstall" mit Spezialitäten vom Huhn, Livemusik und Kinderprogramm.

13. August
Alter Loibl. EU Kirchtag mit Spezialitäten aus dem Alpen-Adria-Raum.

Ossiacher Tauern. Rindfleischfest, ab 10:00 Uhr.

Seeboden. Slow Food Frühstückstafel: Frühstücken mit Slow Food Produkten bei einer Rundfahrt mit der elektrobetriebenen Seenixe, ab 9:00 Uhr.

15. August
Globasnitz. Farant Straßenfest: Bäuerliches Brauchtum, Gesang, Tanz und Kulinarik sind die Basis dieses Festes. Höhepunkt ist die Verleihung der Salamikrone.

19. August
Schiefling. Schieflinger Dorffest mit vielen kulinarischen Spezialitäten, ab 17:00 Uhr.

27. August
Metnitz. Wildfest der Genussregion: Kulinarik rund ums Wild in Zusammenarbeit mit der Genussregion Metnitztaler Wild.

Hochrindl. Almkirchtag: Traditionelles Handwerk, Kulinarik und Hausgemachtes.

28. August
Ferlach. Rosentaler Pohača Fest: Reindling-Backwettbewerb, regionale Kulinarik, Kunsthandwerk.

September

1. bis 4. September
Bleiburg. Bleiburger Wiesenmarkt: Das größte und älteste Volksfest Südkärntens mit vielen typischen Gerichten.

2. und 3. September
Liesing/Lesachtal. Brotfest: Ein Fest zu Ehren des Lesachtaler Brots, das von der UNESCO zum Weltkulturerbe erhoben wurde.

3. September
Seeboden. Slow Food Frühstückstafel: Frühstücken mit Slow Food Produkten bei einer Rundfahrt mit der elektrobetriebenen Seenixe, ab 9:00 Uhr.

4. September
Ludmannsdorf. Fest der Kartoffel: Angebot von heimischen Kartoffelsorten.

St. Georgen am Längsee. Burgkirchtag: Volksfest trifft auf Geschichte.

Burg Hochosterwitz. Burgkirchtag: Die Burg zeigt sich im Kirchtagsgewand. Hl. Messe um 10:30 Uhr.

7. September
Gschriet (Mirnock). Sonnenuntergang-Tafel auf dem Sternenbalkon: Mit Köstlichkeiten aus bäuerlichen Produkten von Marco Krainer und dem Almgasthof Bergfried.

8. und 9. September
Völkermarkt. Wine & More: Namhafte Winzer aus Österreich, Italien, Slowenien & Spanien präsentieren ihre besten Weine in Kärnten.

8. bis 10. September
St. Georgen am Längsee. Backhendlfest: Zusammenschluss von Wirten in St. Georgen am Längsee, die sich an diesen Tagen voll und ganz dem Backhendl und weiteren Huhn-Spezialitäten verschrieben haben.

8. bis 24. September
Klagenfurt am Wörthersee. Tage der Alpen-Adria-Küche: Gastköche aus dem Alpen-Adria-Raum treffen auf Spitzenköche der Region.

9. und 10. September
Heiligenblut. Glocknerlamm-Fest: Lammspezialitäten in großer Vielfalt am Fuße des Großglockners.

9. September
Eisenkappel. Coppla Casa: Ein grenzüberschreitendes Fest, das die Bergbauern des Vellachtales gemeinsam mit ihren slowenischen Nachbarn ausrichten, bei dem die von den Bauern erzeugten Produkte vorgestellt und angeboten werden.

St. Kanzian am Klopeiner See. Genussseefest: Had'n, Wein und Salami aus Südkärnten – eine kulinarische Entdeckungsreise mit Musik.

14. bis 16. September
Klagenfurt am Wörthersee. Genussmeile: Produzenten aus dem Alpen-Adria-Raum präsentieren ihre Produkte in der Innenstadt.

16. und 17. September
Neuhaus. Had'n Herbstfest: Neuhaus ist die Heimat des Had'n und der Had'nwirte. Kredenzt werden die Buchweizen-Spezialitäten als Torte, Nudel, Chips bis zum traditionellen Had'nsterz.

16. September
Seeboden. Strudelfest im Blumenpark: Kulinarik und Strudelvariationen von Slow Food Betrieben der Gemeinschaft und Umzug durch den Ort, ab 10:00 Uhr.

17. September
Gnesau. Reindlingfest: Liebeserklärung an Kärntens Lieblingsgebäck.

Globasnitz. Rosalienkirchtag: Der geschichtsträchtige Hemmaberg ist der Rahmen für das älteste Kirchenfest Südkärntens. Nach der Festmesse werden u. a. Würste, Krapfen, Lebkuchen und Met verkauft.

Nockalmstraße. Nockalmstraßenfest: Regionale Kulinarik samt vielfältigem Rahmenprogramm.

17. September
Innerkrems-Reichenau. Nock-almstraßenfest: 50 % Ermäßigung auf die Tageskarte für PKW, Motorrad und Busse! Schmankalan und musikalische Untermalung den Hütten entlang der Nockalmstraße.

18. September
Frög: Ritschertfest in der Keltenweg Frög.

St. Margareten im Rosental. Fisolenfest auf dem Gemeindeplatz.

22. September
Bad Kleinkirchheim. Auftakt „Kulinarische Nächte“: „Wanderung von Genuss zu Genuss“.

23. September bis 14. Oktober
Bad Kleinkirchheim. Kulinarische Nächte und Genussmarkt der Regionalität: Gaumenfreuden versprechen die Menüs der teilnehmenden Gasthöfe und der Genussmarkt lädt zum Verkosten und Kaufen ein.

23. und 24. September
Kötschach-Mauthen. Käsefestival: 25-Jahr-Jubiläum: 300 Aussteller aus Österreich, Deutschland, Italien und Slowenien präsentieren hier ihre Käsespezialitäten.

23. September
Millstatt. Kulinarischer Herbstreigen: 3. Millstätter Most- und Weinfest mit Slow Food Schmankerln, in der singolo strato zwischen Buschenschenke Höfler und Weinhof Lagger.

Radenthein. Kirchtagstafel: Von Mani Stadler wird der „Gelbe Schöps“ mit all seinen klassischen Begleitern aufgetafelt. Ein Gericht mit Tradition und Geschichte.

24. September bis 29. Oktober
Bad Kleinkirchheim. Kulinarisch regional auf dem Berg: Die Kulinarischen Nächte werden gemäß dem Motto „Gipfeltreffen des guten Geschmacks" um speziele regionale Gerichte auf dem Berg erweitert.

24. September
Maltschacher See. Kulinarischer Herbstreigen: Kulinarische Gaumenfreuden.

Sittersdorf. Sittersdorfer Weinfest: Sittersdorf gilt als Wiege des Kärntner Weins mit Wurzeln weit in die Vergangenheit.

Berg im Drautal. Slow Food Frühstück im TREFF.BERG, ab 8:30 Uhr, außer Kaffee und Zucker kommt alles aus dem Ort; Teilnehmerzahl mit 200 begrenzt.

Seeboden (Kötzing). Erntedankfest: Umzug, Festakt und Kulinarik; Beginn: 10:00 Uhr.

28. September bis 1. Oktober
Rund um den Wörthersee. See.Ess.Spiele: Die Vielfalt regionaler Produkte aus dem Alpen-Adria-Raum, zubereitet an den besten Genussadressen rund um den Wörthersee.

29. September bis 1. Oktober
Wolfsberg. Herbstfest: Bauernmarkt und Kessel-Gulasch-Wettkochen finden auf dem Weiherplatz statt. Erntedankfest voraussichtlich auf dem Hohen Platz.

30. September bis 1. Oktober
St. Georgen im Lavanttal. Apfelfest: Ein Familienfest mit Bezug zu Tradition, Gesundheit und Kulinarik rund um den Apfel.

30. September bis 9. Oktober
St. Veit an der Glan. St. Veiter Wiesenmarkt: Rund 30 Gastronomiebetriebe versorgen die Wiesenmarkt-BesucherInnen mit ihren kulinarischen Kreationen.

30. September
Seeboden: Magic-Tafel: Vom Zauber der Magie und regionaler Slow Food Küche. Illusionist Dominik Pacher macht Unmögliches möglich und verblüfft sein Publikum mit magischen Sinnestäuschungen im Hotel Moserhof.

Oktober

1. Oktober
Seeboden: Erntedankfest im Slow Food Bio Gemeinschaftsgarten Trasischk, ab 9:00 Uhr.

Feistritz ob Bleiburg, Repica Fest: Besucher werden mit Kartoffelspezialitäten aus der Region verwöhnt.

Kirchbach. Kirchbacher Apfelfest: Köstlichkeiten rund um den Apfel samt Ausstellung alter Apfelsorten, Mostpresse, Schnapsbrennerei etc.

1. Oktober
Weissbriach. Gitschtaler Krautfest: Für kulinarische Köstlichkeiten rund ums Thema „Kraut" sorgen heimische Wirte und Landwirte.

Obervellach. Erntedankfest: Mit Gschmackigem von Bauern, Jägern und Fischern.

7. Oktober
Nötsch. Polentafest: Hier lernen die Besucher die Vielfalt von Gerichten aus Maisgrieß kennen, natürlich auch Plentn.

13. bis 16. Oktober
Wolfsberg Kolomonimarkt: Großer Jahrmarkt mit regionalen Produkten auf dem Marktgelände in Kleinedling bei Wolfsberg.

15. Oktober
Bad Kleinkirchheim. Franz Klammer Wandertag: Präsentation der Slow Food Gemeinschaft Bad Kleinkirchheim mit Kärntens Skikaiser Franz Klammer.

20. Oktober
Radenthein. Granat-Tafel: Ganslzeit am Millstätter See. Mani Stadler zelebriert Köstliches vom Gansl und funkelnde Überraschungen auf den Spuren des Granatsteins. Mit nächtlicher Führung durch den Stollen der Erlebniswelt Granatium.

26. Oktober
Bad Kleinkirchheim. Kulinarischer Herbstreigen: Im Kurpark präsentiert die Slow Food Gemeinschaft Bad Kleinkirchheim regionale Kulinarikkreationen.

28. Oktober
Keutschach, Schlossareal. Rübenfest: Kulinarisches rund um die Rübe.

November

5. November
Ebene Reichenau. Martinikirchtag: Musikalische und kulinarische Köstlichkeiten im Nockstadl.

Wir haben für Sie die Termine der Kärntner Feste im Jänner 2023 gesammelt. Alle aktuellen Termine der Kulinarikfeste finden Sie unter ***www.kaernten.at/kulinarikfeste***

SEE.ESS.SPIELE

APLE ADRIA GENUSS WÖRTHERSEE

Bei den See.Ess.Spielen wird der Wörthersee kurz vor und nach dem Sommer zur Bühne für einzigartige Kulinarikerlebnisse. Regionale Haubenköche kreieren mit exzellenten Produkten der Alpen-Adria-Küche denkwürdige Genussmomente. Mit dabei sind 11 der besten Restaurant- und Hotelbetriebe um den See, die ein vielfältiges Programm, Top-Locations und kulinarische Meisterwerke versprechen.

4. bis 7. Mai und 28. September bis 1. Oktober 2023

www.see-ess-spiele.com

KÜCHENKULT VILLACH

GOURMETFESTIVAL

Beim Goumetfestival „Küchenkult Villach" laden lokale Köch:innen und Produzent:innen zur köstlichen Reise durch kulinarische Traditionen der Region. Das Motto lautet heuer: „Gerichte mit Geschichte – Esskultur auf der Spur." Aufgetischt wird vom Faaker See über Arriach bis in die Villacher Altstadt. Im Fokus stehen wie gewohnt die besten heimischen Produkte als Grundlage für raffinierte und abwechslungsreiche Menükreationen.

19. Mai bis 11. Juni 2023

www.kuechenkult.at

KULINARISCHE NÄCHTE

IN UND RUND UM BAD KLEINKIRCHHEIM

Jedes Jahr im Herbst feiern Gourmets in und rund um Bad Kleinkirchheim ein Gipfeltreffen des guten Geschmacks, wenn die Küchenchefs zu den „Kulinarischen Nächten" laden. An vier Wochenenden wird in ausgewählten Betrieben raffiniert aufgekocht: auf Haubenniveau und mit Zutaten der Genussland Kärnten-Produzenten. Um die Vielfalt der Slow Food Kulinarik hervorzuheben, wird das Angebot rund um die Kulinarischen Nächte 2023 erweitert. Seien Sie gespannt.
www.kulinarischenaechte.at

22. September bis 14. Oktober 2023

TIPP: Genuss-Markt der Regionalität im Kurpark in Bad Kleinkirchheim im Rahmen der Kulinarischen Nächte jeweils samstags ab 15:00 Uhr.

KULINARISCHE TAFELN

RUND UM DEN MILLSTÄTTER SEE

Begeben Sie sich auf eine kulinarische Entdeckungsreise rund um den Millstätter See. Im Herbst verwandeln sich die Logenplätze in festliche Tafeln und Slow Food Küche trifft auf extravagante Inszenierungen. Erleben Sie unvergessliche See- und Bergberührungen®, den Zauber der Magie und die Macht des Granatsteins. Oder nehmen Sie auf dem „Sternenbalkon" Platz, um im Sonnenuntergang zu dinieren. Wie wäre es mit einem Slow Food Frühstück auf der „Seenixe"? *www.millstaettersee.com/tafeln*

August bis November 2023

TIPP: Bereits im Frühling gibt es einen Vorgeschmack auf die Genüsse im Herbst: „Granat-Tafel" mit Spargel, Metzgerwirt in Radenthein.

TAGE DER ALPEN-ADRIA-KÜCHE

HOCHZEIT DES GUTEN GESCHMACKS IN KLAGENFURT

Bei den Tagen der Alpen-Adria-Küche treffen Gastköche aus dem Alpen-Adria-Raum auf Spitzenköche der heimischen Szene. Dabei reihen sich kleine kulinarische Events aneinander. Innenstadtlokale greifen bei ihren Kreationen die kulinarischen Wurzeln der Region auf. Handverlesene Produzenten aus Friaul, Veneto, Kärnten, Steiermark und Slowenien präsentieren ihre Spezialitäten bei der Genussmeile (14. bis 16. September 2023).

8. bis 24. September 2023

www.visitklagenfurt.at/alpenadria

„Apfelsaft gibt dir das Gefühl, das Richtige zu trinken ... Most übrigens auch.“

Rosita Radl-Jöbstl

Das Lavanttal ist das Obstparadies Kärntens. Most, Wein und Säfte werden hier mit Liebe und nach alter Tradition per Hand verarbeitet. Dabei werden die vollreifen, heimischen Äpfel besonders schonend gepresst und zu regionalen Spezialitäten verarbeitet.

www.lavanttaler-obst.at

Staatlich anerkanntes Gütesiegel und Auszeichnungen

AMA GENUSS REGION

Dieses staatlich anerkannte Gütesiegel für bäuerliche Direktvermarkter, kleine Lebensmittelmanufakturen sowie Gastronomiebetriebe zeichnet die besondere Qualität von Lebensmitteln aus den Regionen aus. In der Gastronomie wird die frische Zubereitung der Speisen verlangt. Die Betriebe werden von unabhängigen Prüfern genau kontrolliert. Entdecken Sie die www.genussregionen.at

GENUSSWIRT KÄRNTEN

Auszeichnung für Betriebe, die in ihren Küchen großen Wert auf Produkte mit hoher Qualität aus Kärnten legen und sich dafür streng kontrollieren lassen.

KÄRNTNER WIRTSHAUSKULTUR

Bodenständige Küche und herzliche Atmosphäre.

GUTES VOM BAUERNHOF

Die Qualitätsmarke für Einkaufen auf dem Bauernhof.
Im Zentrum stehen die vertiefenden Qualitätsrichtlinien mit der AMA GENUSS REGION.

BIO AUSTRIA

BIO AUSTRIA-Betriebe erzeugen regionale Bio-Lebensmittel nach strengen Qualitätskriterien und unterliegen einer jährlichen Kontrolle durch eine unabhängige Kontrollstelle.

Betriebsverzeichnis

Verzeichnis nach Städten und Orten

ORTSVERZEICHNIS

Anreise

Mit dem Auto

Von Norden über Salzburg und die A10 Tauernautobahn (mit dem zweiröhrig ausgebauten Katschbergtunnel). Von Osten über Wien und Graz auf der A2 Südautobahn. Von Süden über Laibach und die A11 Karawankenautobahn oder über Udine und die A2 Südautobahn.

Mit der Bahn

Entspannt in Ihren Urlaubsort: Detaillierte Anreisemöglichkeiten finden Sie auf der Webseite der Österreichischen Bundesbahnen, ÖBB **(www.oebb.at),** und der Deutschen Bahn, DB **(www.bahn.de),** sowie auf **nightjet.com**

Alle Informationen für Ihren Weg nach Kärnten finden Sie unter **www.anreise.kaernten.at**

Vom Bahnhof zum Hotel

Der Bahnhof-Shuttle bringt Sie bequem in Ihre Unterkunft oder zu einem der Top-Ausflugsziele Kärntens.
www.bahnhofshuttlekaernten.at

Mit dem Flugzeug

Sämtliche Informationen über Flugpläne, Passagierservices und Weiteres zum Airport Klagenfurt finden Sie direkt auf der Flughafen-Webseite. **www.airport-klagenfurt.at**

Spezielle Mietwagenangebote und kärntenweite Shuttle-Verbindungen gewährleisten Ihre Mobilität im Urlaub. **www.flug.kaernten.at**

Flughäfen in der Nähe

Flughafen Wien, **www.viennaairport.at**
Flughafen Graz, **www.flughafen-graz.at**
Flughafen Salzburg, **www.salzburg-airport.at**
Flughafen Laibach/Slowenien, **www.lju-airport.si**

Gertrude Ortner,
Projektleitung Slow Food Kärnten Guide

IMPRESSUM Herausgeber, Medieninhaber und Verleger: Kärnten Werbung GmbH, Völkermarkter Straße 21–23, 9020 Klagenfurt am Wörthersee, T +43 463 3000, F +43 463 3000-50, E info@kaernten.at, www.kaernten.at | **Gestaltung & Satz:** Werk 1 Werbegraphik GmbH, www.werk1.at | **Text:** Elisabeth Tschernitz-Berger (et), Waltraud Dengel (wd), Heinz Grötschnig (hg), Ingrid Herrenhof (ih), Anita Arneitz (aa), Gabriele Köchl (gk), Johanna Wohlfahrt (jw), Barbara Hutter (bh), Ute Zaworka (uz) | **Druck:** Druckerei Theiss | **Fotos:** Johannes Puch, Ralf Kreules, Archiv Kärnten Werbung, Archiv Tourismusverbände und Regionen, Genussland Kärnten, Franz Gerdl, Florentina Klampferer, Martin Steinthaler, Daniel Zupanc, Edward Gröger, Kärntner Regionalmedien, Marco Riebler, Sam Strauss, Gert Steinthaler, Michael Stabentheiner, Wolfgang Hummer digitalraum.at, Martin Hoffmann, Gert Köstinger, Charly's/Newman, Manuela Wilpernig, © GRM/Werner Krug, Vi-Fa-Os Tourismus/Adrian Hipp, Kleine Zeitung GmbH & Co GK/Helmuth Weichselbraun, AustroDesign.com, Arnold Pöschl, Caletto Photography, Daniela Ebner, Lukas Lenhardt, Bilder, die von den Kärntner Gastronomiebetrieben zur Verfügung gestellt wurden | Bei allen Bezeichnungen, die auf Personen bezogen sind, meint die gewählte Formulierung beide Geschlechter, auch wenn aus Gründen der leichteren Lesbarkeit nur die männliche Form angeführt ist. Die Kärnten Werbung kann für allfällige Fehler keine Haftung übernehmen. Alle Angaben sind Stand März 2023.

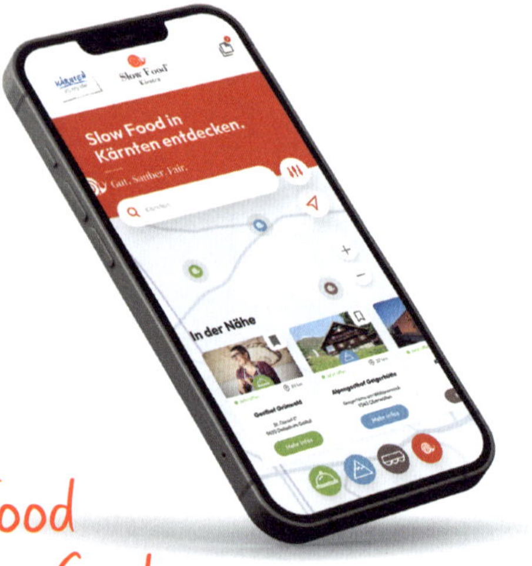

Den Slow Food Kärnten Guide auf Ihr Mobiltelefon laden

Ganz einfach die App auf Ihr Mobiltelefon laden und die Restaurants entdecken.

Die Webseite **www.slowfood.Guide** öffnen.

Anleitung iPhone:

1 in der Menüleiste unten auf ***Teilen*** klicken

2 Zum Home-Bildschirm Nach unten scrollen und ***Zum Homebildschirm*** auswählen

3 ***Hinzufügen*** und den Slow Food Guide verwenden

Anleitung Android:

1 auf ⋮ (rechts oben) klicken

2 ***Zum Startbildschirm hinzufügen*** auswählen

3 ***Hinzufügen*** und den Slow Food Guide verwenden